www.ingramcontent.com/pod-product-compliance
Lightning Source LLC
LaVergne TN
LVHW010603070526
838199LV00063BA/5062
9789358721713

احمد ندیم قاسمی

ایک ہمہ جہت فنکار

(آن لائن رسالہ 'سمت' کے خصوصی شمارے سے منتخب شدہ)

مرتب:

اعجاز عبید

© Taemeer Publications LLC

Ahmad Nadeem Qasmi : aik hama-jihat Funkaar
Edited By: Aijaz Ubaid
Edition: January '2024
Publisher :
Taemeer Publications LLC (Michigan, USA / Hyderabad, India)

ISBN 978-93-5872-171-3
9 789358 721713

مصنف یاناشر کی پیشگی اجازت کے بغیر اس کتاب کا کوئی بھی حصہ کسی بھی شکل میں بشمول ویب سائٹ پر اَپ لوڈنگ کے لیے استعمال نہ کیا جائے۔ نیز اس کتاب پر کسی بھی قسم کے تنازع کو نمٹانے کا اختیار صرف حیدرآباد (تلنگانہ) کی عدلیہ کو ہوگا۔

© تعمیر پبلی کیشنز

کتاب	:	**احمد ندیم قاسمی: ایک ہمہ جہت فنکار**
مرتب	:	**اعجاز عبید**
صنف	:	تحقیق و تاثرات
ناشر	:	تعمیر پبلی کیشنز (حیدرآباد، انڈیا)
سالِ اشاعت	:	۲۰۲۴ء
صفحات	:	۸۲
سرورق ڈیزائن	:	تعمیر ویب ڈیزائن

فہرست

(۱)	مجھے کہنا ہے کچھ	اعجاز عبید	7
(۲)	زندگی	نند کشور وکرم	8
(۳)	آخری آدمی	جمیل الدین عالی	13
(۴)	قاسمی صاحب	شمس الرحمٰن فاروقی	16
(۵)	احمد ندیم قاسمی: ایک خراج عقیدت	مجتبیٰ حسین	23
(۶)	احمد ندیم قاسمی	محمد خالد اختر	28
(۷)	احمد ندیم قاسمی	رفعت سروش	44
(۸)	احمد ندیم قاسمی: ایک ہشت پہلو شخصیت	نند کشور وکرم	51
(۹)	احمد ندیم قاسمی	ڈاکٹر فیروز عالم	55
(۱۰)	احمد ندیم قاسمی	شاہد اسلم	57
(۱۱)	احمد ندیم قاسمی بحیثیت افسانہ نگار	راشد انور راشد	60
(۱۲)	احمد ندیم قاسمی کے افسانے	وہاب اعجاز خان	66
(۱۳)	سرِ شاخِ گل	پروین شاکر	71
(۱۴)	بابا---	گلزار	74
(۱۵)	احمد ندیم قاسمی: سایہ دار اور فلک بوس شجر	ایم قمر الدین	75
(۱۶)	احمد ندیم قاسمی	شوکت جمال	77
(۱۷)	کچھ لوک فن کے بارے میں	احمد ندیم قاسمی	78

سمت

احمد ندیم قاسمی نمبر

شمارہ ۵، اکتوبر تا دسمبر 2006ء

کیا کیا عزیز دوست ملے میرؔ خاک میں

ناداں یہاں کسو کا کسو کو بھی غم ہوا

احمد ندیم قاسمی

وفات 10 جولائی 2006ء

کون کہتا ہے کہ موت آئی تو مر جاؤں گا

میں تو دریا ہوں سمندر میں اُتر جاؤں گا

مجھے کہنا ہے کچھ۔۔۔

اعجاز عبید

زمیں لوگوں سے خالی ہو رہی ہے

یہ رنگِ آسماں دیکھا نہ جائے

قاسمی صاحب اس دور میں اردو کی عظیم ترین ہستی تھے، اس میں کسی شک کی گنجائش نہیں۔

جب ابنِ انشاء کا انتقال ہوا تھا تو میرے کرم فرما خلیل الرحمٰن اعظمی نے لکھا تھا "۵۱ برس کی عمر بھی کوئی عمر ہوتی ہے"۔ اور جب خلیل بھائی خود اسی عمر میں اس دنیا سے رخصت ہوئے تو شمیم حنفی نے یہی بات ان کے بارے میں لکھی تھی۔ قاسمی صاحب نوے سال جیے لیکن ان کے بارے میں بھی جی چاہتا ہے کہ یہی لکھا جائے۔

آخر برگد کا یہ درخت ٹوٹ ہی گیا۔

ان کی یاد میں یہ شمارہ ہماری طرف سے نذرانۂ عقیدت۔۔۔

یوں تو انٹر نیٹ پر صفحات کی کوئی قید تو نہیں ہوتی اور ہم دوسری تخلیقات بھی اس میں شامل کر سکتے تھے، لیکن یہ گوارا نہیں ہوا کہ قاسمی صاحب جیسی قدآور شخصیت کے لیے محض ایک گوشہ رکھا جائے۔ اس لیے یہ شمارہ محض قاسمی صاحب کے لیے مخصوص ہے۔

قومی کونسل برائے فروغِ اردو زبان، نئی دہلی کے ماہنامے اردو دنیا کا ستمبر 2006 ء کے شمارے میں گوشۂ احمد ندیم قاسمی بھی شامل تھا۔ ہماری درخواست پر معاون مدیر ڈاکٹر فیروز عالم نے مشمولات کی سافٹ کاپی ہم کو مہیا کی، ہم اس کے لئے ان کے ممنون ہیں۔ اگرچہ اس کے مشمولات میں بھی مانگے کا اجالا شامل تھا لیکن بطور خاص گلزار کی نظم اور فاروقی صاحب کے مضمون کی اہمیت ہمارے نزدیک زیادہ ہے۔

اعجاز عبید۔

زندگی

نند کشور وکرم

نام: احمد شاہ

تاریخِ ولادت: 20 نومبر 1916، انگہ تحصیل و ضلع خوشاب، پنجاب پاکستان

والد: پیر غلام نبی، وفات 1924

والدہ:۔۔۔ وفات 1956

بھائی: بڑے بھائی پیرزادہ محمد بخش۔ ڈسٹرکٹ انسپکٹر آف اسکولز کے عہدے سے سبکدوش ہوئے۔

بہن: ایک بڑی بہن (ممتاز صحافی ظہیر بابر کی والدہ) جن کا 1960 میں انتقال ہوا۔

چچا: پیرزادہ حیدر بخش جنھوں نے قرآن مجید کی تفسیر پڑھائی۔

ازدواجی زندگی: شادی 1948 میں خاندان کے قریبی عزیزوں میں ہوئی جو وادیِ سون کے گاؤں سَور کی میں آباد ہیں۔

اولاد:

1. بڑی بیٹی۔ ناہید ندیم (ناہید قاسمی) شاعرہ ہیں۔

2. نشاط ندیم شعر بھی کہتی تھیں، 1995 میں انتقال ہو گیا۔

3. بیٹا نعمان ندیم۔

تعلیم 1920: میں انگہ کی مسجد میں قرآن مجید کا درس، 1921-25 میں گورنمنٹ مڈل اینڈ نارمل اسکول کیمبل پور (اٹک) میں تعلیم پائی۔ 1930-31 میں گورنمنٹ ہائی اسکول شیخوپورہ میں زیرِ تعلیم اور 1931 میں میٹرک۔ 1931 میں صادق ایجرٹن کالج بہاولپور میں داخل ہوئے، 1935 میں بی.اے. کی ڈگری حاصل کی۔

پہلا شعر : 27-1926 میں پہلا شعر کہا۔

پہلی مطبوعہ تخلیقات : پہلی نظم 1931 میں مولانا محمد علی جوہر کی وفات پر کہی جو روز نامہ 'سیاست' لاہور میں چھپی۔ پہلا شعری مجموعہ 1942 میں اردو اکیڈمی لاہور سے اور پہلا افسانوی مجموعہ 1939 میں شائع ہوا۔

ملازمت : 1936 میں ریفارمز کمشنر لاہور کے دفتر میں بیس روپے ماہوار پر محرر کی حیثیت سے ملازم ہوئے اور 1937 تک یہیں کام کرتے رہے۔ 41-1939 کے دوران ایکسائز سب انسپکٹر، 48-1945 میں ریڈیو پشاور سے بحیثیت اسکرپٹ رائٹر وابستہ۔

صحافتی سر گرمیاں : 45-1941 میں ہفت روزہ 'پھول' اور 'تہذیبِ نسواں' 45-1943 میں ماہنامہ ادبِ لطیف، 48-1947 میں ماہنامہ سویرا (چار شماروں) 1950 میں ماہنامہ ''سحر'' لاہور (ایک شمارہ) 59-1953 میں روز نامہ ''امروز'' لاہور کی ادارت کی اور اب 1964 سے ماہنامہ ''فنون'' کی ادارت کر رہے ہیں۔

1952 میں روز نامہ 'امروز' لاہور میں کالم ''حرف و حکایت'' پھر اس اخبار کے ایڈیٹر بن جانے پر کالم ''پنج دریا'' بھی لکھتے رہے۔ 1959 میں امروز سے الگ ہونے پر روز نامہ ''ہلالِ پاکستان'' میں ''موج در موج'' اور 'پنج دریا' کے نام سے فکاہیہ کالم نویسی۔ 70-1964 میں روز نامہ ''امروز'' لاہور میں کالم ''حرف و حکایت'' کی شروعات کی مگر پنج دریا کے بجائے نام ''عنقا'' رکھ لیا۔ اسی دوران روز نامہ ''جنگ'' کراچی میں کالم ''لاہور۔۔۔ لاہور ہے۔'' پھر جنگ کو چھوڑ کر روز نامہ ''حریت'' کراچی میں فکاہیہ کالم ''موج در موج'' اور ہفتہ وار کالم ''لاہوریات'' پیش کرتے رہے۔ اپریل 1972 میں دوبارہ امروز میں وہی کالم لکھنے لگے۔ 1964 سے امروز لاہور میں ادبی، علمی اور تہذیبی موضوعات پر ہر ہفتے مضامین لکھتے رہے۔

مطبوعات : افسانوی مجموعے :

1. چوپال (دارالاشاعت پنجاب لاہور 1939)

2. بگولے (مکتبہ اردو لاہور 1941)

3. طلوع و غروب (مکتبہ اردو، لاہور، 1942)

4. گرداب (ادارہ اشاعت اردو حیدر آباد دکن 1943)

5. سیلاب (ادارہ اشاعت اردو، حیدر آباد دکن 1943)

6.آنچل (ادارہ فروغ اردو، لاہور 1944)

7.آبلے (ادارہ فروغ اردو لاہور 1946)

8.آس پاس (مکتبہ فسانہ خواں، لاہور 1948)

9.درو دیوار (مکتبہ اردو، لاہور 1948)

10.سناٹا (نیا ادارہ لاہور 1952)

11.بازارِ حیات (ادارہ فروغِ اردو، لاہور 1959)

12.برگِ حنا (ناشرین، لاہور 1959)

13.سیلاب و گرداب (مکتبہ کارواں، لاہور 1961)

14.گھر سے گھر تک (راول کتاب گھر، راولپنڈی 1963

15.کپاس کا پھول (مکتبہ فنون، لاہور 1973)

16.نیلا پتھر (غالب پبلشرز، لاہور 1980)

17.کوہ پیما (اساطیر، لاہور۔ 1995)

شاعری:

1.دھڑکنیں (قطعات، اردو اکیڈمی۔ لاہور) 1942

2.رِم جھم (قطعات و رباعیات، ادارہ فروغِ اردو۔ لاہور 1944

3.جلال و جمال (شاعری۔ نیا ادارہ، لاہور 1946)

4.شعلۂ گُل (قومی دار الاشاعت لاہور 1953)

5.دشتِ وفا (کتاب نما، لاہور 1963)

6.محیط (التحریر، لاہور 1976)

7.دوام (مطبوعات لاہور 1979)

8.لوح و خاک (اساطیر لاہور 1988)

تحقیق و تنقید:

1. تہذیب و فن (پاکستان فاؤنڈیشن لاہور 1975)

2.ادب اور تعلیم کے رشتے (التحریر، لاہور 1974)

3.علامہ محمد اقبال

ترتیب و ترجمہ:

1.انگڑائیاں (مرد افسانہ نگاروں کا انتخاب، ادارہ اشاعت اردو حیدر آباد دکن 1944)

2. نقوشِ لطیف (خواتین افسانہ نگاروں کا انتخاب، ادارہ اشاعتِ اردو حیدر آباد دکن 1944)

3.پاکستان کی لوک کہانیاں (از میریلین سرچ، ترجمہ، شیخ علی اینڈ سنز لاہور)

4.کیسر کیاری (مضامین، ڈرامے، تراجم، مکتبہ شعر و ادب، لاہور 1944

5.منٹو کے خطوط بنام احمد ندیم قاسمی (ترتیب، کتاب نما، لاہور 1966

6.نذیر حمید احمد خاں (ترتیب، مجلس ترقی ادب، لاہور 1977) میرے ہم سفر

بچوں کا ادب:

1. تین ناٹک (پنجاب بک ایجنسی، لاہور 1944

2.دوستوں کی کہانیاں (پنجاب بک ایجنسی، لاہور 1944

3.نئی نویلی کہانیاں (پنجاب بک ایجنسی، لاہور 1944)

قاسمی سے متعلق کتابیں اور خصوصی نمبر:

1.ندیم کی شاعری اور شخصیت (تحقیق) جمیل ملک۔

2.احمد ندیم قاسمی کے بہترین افسانے، مرتبہ مظفر علی سید

3.ندیم نامہ مرتب محمد طفیل، بشیر موجد مجلس ارباب فن، لاہور 1974

4. مٹی کا سمندر مرتب ضیا ساجد مکتبہ القریش لاہور 1991

5. احمد ندیم قاسمی۔۔۔ ایک لیجنڈ از شکیل الرحمٰن۔ اساطیر لاہور

6. ندیم نمبر مرتب صہبا لکھنوی ماہنامہ افکار کراچی 1976

7. احمد ندیم قاسمی : شخصیت اور فن مرتب : نند کشور وکرم۔ عالمی اردو ادب دہلی۔ 1996۔

ہندی میں ''اردو کہانی کار احمد ندیم قاسمی'' مرتب نند کشور وکرم اندر پرستھ پرکاشن دہلی۔

اس کے علاوہ انگریزی، روسی، چینی، جاپانی، ہندی، پنجابی، بنگلہ، سندھی، گجراتی مراٹھی اور فارسی وغیرہ متعدد زبانوں میں کہانیوں اور شاعری کے تراجم۔

اعزازات وانعامات:

آدم جی ادبی ایوارڈ برائے دشتِ وفا (شاعری۔ 1963) آدم جی ادبی ایوارڈ برائے محیط (شاعری۔ 1976) آدم جی ادبی ایوارڈ برائے دوام (شاعری۔ 1979) پرائیڈ آف پرفارمنس حکومتِ پاکستان کا اعلیٰ سول اعزاز (1968) ستارۂ امتیاز حکومتِ پاکستان کا اعلیٰ ترین سول اعزاز (1980) عالمی فروغِ اردو ادب، دوحہ قطر۔

وفات: 10 جولائی 2006، لاہور (پاکستان)۔

تشکر: اردو دنیا ستمبر 2006ء

آخری آدمی۔۔

جمیل الدین عالی

احمد ندیم قاسمی پاکستانی دنیائے ادب کے ہمارے دور کے آخری بڑے آدمی تھے صرف اس لئے نہیں کہ ان کی تخلیقی سرگرمیاں کئی اصناف ادب کو محیط کرتی تھیں اور ہر تخلیق سے ان کی ایک علیحدہ شان جھلکتی تھی بلکہ اس لئے کہ وہ ذاتی طور پر بھی ایک بڑے ادیب کی زندگی بسر کرتے تھے۔ میں انہیں قیام پاکستان سے پہلے بھی ان کی تخلیقی سرگرمیوں کے سبب کسی قدر جانتا تھا لیکن پاکستان بننے کے بعد اور ان کی پہلی شعری تصنیف ''جلال و جمال'' پڑھ کر تو ان سے بہت ہی متاثر ہوا۔ ادب میں نمبر ون ٹو کا سلسلہ نہیں چلتا۔

جو ذرہ جس جگہ ہے وہیں آفتاب ہے

لیکن کسی نہ کسی انداز سے غیر رسمی طور پر ہی سہی، اسی طرح کا تعین مقامات ہماری روایات میں شامل ہو گیا ہے یوں ہمارے نمبر ون جناب فیض احمد فیض تھے اور نمبر ٹو جناب احمد ندیم قاسمی (فیض صاحب کو تو فراق صاحب کے انتقال کے بعد بھارت میں بھی اردو کا نمبر ون تسلیم کر لیا گیا تھا) پھر فیض صاحب کے بعد اہم ترین وہی نظر آتے رہے، اب جو یہ خبر آئی ہے تو انتہائی دلی رنج میں ایک خلا شامل ہو گیا ہے۔ ان کے بعد کون؟

قاسمی صاحب انجمن ترقی پسند مصنفین پاکستان کے سیکرٹری جنرل بھی رہے مگر بیشتر ادیب تحریک کمزور پڑنے اور حکومت کے زیر عتاب رہنے کے منفی رد عمل سے نہ بچ سکے اور ایک اجلاس کراچی میں قاسمی صاحب کو انجمن ختم کرنے کا اعلان کرنا پڑا یہ ایک علیحدہ کہانی ہے اور کئی جرائد و کتب میں آ چکی ہے۔ تحریک، ترقی پسند تحریک، چلتی رہی اور آج بھی خواہ غیر رسمی طور سے، چل رہی ہے مگر قاسمی صاحب اس عہدے سے پہلے اور وہ ختم ہو جانے کے بعد بھی فعال رہے اور بہت سے نئے پرانے لکھنے والوں کو فعال رکھا۔ کئی مشاہیر لکھنے والے کسی باقاعدہ شاگردی کے بغیر اپنے ارتقاء اور شہرت کے لئے خاصی حد تک قاسمی صاحب کی بے غرضانہ سرپرستی کے ممنون ہیں۔ خصوصاً جب سے انہوں نے ''فنون'' شروع کیا

نئے بے نام لکھنے والوں کی کھلی ہمت افزائی کی اور جن کی ہمت افزائی کی ان میں سے بیشتر ہمارے قابل ذکر ادبی اثاثے ثابت ہو چکے ہیں اس طرح کی شخصیت آج ہماری ادبی دنیا میں کمیاب ہی نہیں بالکل نایاب ہے۔

قاسمی صاحب ہر طور سے یعنی کاملاً ایک سیلف میڈ انسان تھے اب بھی روایات کے مطابق تو وہ خاندانی طور پر بھی ایک اہم شخصیت کہے جا سکتے ہیں اور پچاس پچپن برس پہلے وہ کبھی کبھی اپنے نام کے ساتھ ''پیرزادہ'' کا لقب بھی شامل کر لیتے تھے (جو بہت جلد ترک ہو گیا) لیکن اس نسبت سے علیحدہ انہوں نے خالصتاً اپنی محنت، تخلیقی اثاثوں اور عمومی خوش مزاجی سے ایک بڑی سماجی حیثیت بھی بنالی تھی اس سماجی حیثیت میں کوئی اقتصادی پہلو مضمر نہیں ہے ان کی اقتصادی حیثیت سے پورے طور پر واقف بھی نہیں ہوں اتنا جانتا ہوں کہ غالباً بیس پچیس برس پہلے جب گلڈ نے لاہور میں بہت سے ادیبوں کو جناب حنیف رامے (اس وقت وزیر اعلیٰ پنجاب) کے ہاتھوں سستے داموں زمین الاٹ کرائی تھی تو کچھ رقبہ قاسمی صاحب کو بھی ملا انہیں اس وقت بھی ''فنون'' سے کوئی معقول آمدنی نہیں ہوتی تھی شاید کچھ اپنی زرعی زمینوں سے مل جاتا تھا جو ضلع خوشاب میں واقع تھیں، جب وہ مکان بنانے بیٹھے تو مجھ سے اور میری معرفت میر خلیل الرحمٰن مرحوم مدیر ''جنگ'' سے اٹھارہ ہزار روپے قرض لئے (مجھ سے چھ ہزار) میں نے اپناذکر اس لئے کیا کہ ان کی ایک اور صفت سامنے آ جائے جس کا مظاہرہ عملی زندگی میں ہم ادیب کم کم کر پاتے ہیں وہ یہ کہ انہوں نے تین چار برس بعد میری طرف سے کسی یاد دہانی کے بغیر جو قرض مجھ سے لیا تھا مجھے واپس کر دیا (اور میرا غالب قیاس ہے کہ میر خلیل الرحمٰن کا قرض بھی ''جنگ'' سے اپنے ماہانہ معاوضے میں سے منہا کراتے رہے۔

قاسمی صاحب پر ایم فل بھی ہو چکا ہے اور اغلباً پی ایچ ڈی بھی۔ ان کی ذات و صفات ایک مضمون تو کیا کتابوں میں بھی نہیں سمائیں گی۔ ایک دور میں امارات کے دو شہروں ابوظبی اور دبئی میں ادیبوں کے جشن منائے جا رہے تھے۔ میں نے 1981 میں ابوظبی میں مقیم برادرم سید اظہار حیدر اور ان کے ساتھی کارکن برادرم اقبال مہدی اور اراکین بزم شکیل آزاد اعجاز مرزا، شفیق سلیمی، اختر شیخ، صدیق عربی اور بہت سے مددگاروں کے تعاون سے بڑے پیمانے پر جشن قاسمی کا انتظام کیا اللہ ان تمام کارکنان کو جزا دے۔ (اظہار حیدر تو برسوں ہونے والے غیر متوقع اخراجات کے قرضے ادا کرتے رہے)

جب جشن شروع ہوا تو میں یہ دیکھ کر حیران ہو گیا کہ وہ واقعی ایک بڑا جشن تھا وہ دوسری مارچ کی ایک شگفتہ رات تھی کئی سو حاضرین وخواتین رات نو بجے سے صبح تین بجے تک ہال میں بیٹھے ان پر منظومات نہیں نشریات سنتے رہے کئی وفود بیرون ملک سے آئے تھے ''قومی زبان'' مئی 1988 سے لیکر میرے تازہ ترین نثری مجموعے ''بس اک گوشہ بساط'' میں شائع کر دی گئی ہے بلکہ اسی میں ان پر میرا ایک اور مضمون بھی شامل ہے اب کہ اچانک ان کی خبر آئی اور میں ایک طرح جبراً یہ مضمون لکھنے بیٹھا بہت سی باتیں، ان کی بہت سی شخصی صفات یاد آنے لگیں کہاں تک لکھوں، لاہور ایک برس سے جانا نہیں ہوا گزشتہ پینتالیس برس میں جب بھی لاہور جانا ہوا خواہ ایک دن کے لئے ہو اولاً حضرت داتا صاحب اگر اتوار نہ ہو تو

ان کی خدمت میں ضرور حاضر ہوتا۔ انہیں دیکھ کر ایک سکون سا محسوس ہوتا ہمیشہ بات چیت کا موقع تو نہیں نکلتا تھا مگر ان سے دو چار کلمات کا تبادلہ ہی ادب پر انسانیت پر سے کم ہوتا ہوا اعتماد بڑھا دیتا۔ یا اللہ اب میں لاہور کے کس دربار میں جاؤں گا بس اکیلا داتا دربار ہی رہ گیا ہے مگر وہ اور شعبہ ہیں وہاں اکثر اپنے آپ پر شرمندگی بھی ہوتی ہے قاسمی صاحب دوسرا شعبہ تھے آج اس شعبے کا دوسرا آدمی نظر نہیں آ رہا، کاش نظر آ جائے۔

روز نامہ جنگ سے

(آبشار کولکاتا 16 جولائی اور اردو دنیا ستمبر 2006 میں بھی نقل)

***

قاسمی صاحب

شمس الرحمٰن فاروقی

کئی سال کی بات ہے، 1948 کا سال رہا ہوگا، یا شاید 1949 ہو۔ بہر حال پچاس سے بہت اوپر برس گذر گئے ہیں۔ میں نے ایک رسالے میں احمد ندیم قاسمی کی ایک نظم پڑھی۔ ان دنوں ترقی پسند ادب کے چرچے ہر طرف تھے، اس لیے میں بھی ان کے نام سے آشنا تھا۔ لیکن ان کی شاعری کے توسط سے نہیں، بلکہ ان کے افسانوں کے توسط سے۔ نظم کا آخری بند میرے دل پر کچھ ایسا نقش ہوا کہ آج تک دھندلایا نہیں ہے۔

زندگی کو سنوارنے کی مہم

کب مقدر کے اختیار میں ہے

یہ زمیں یہ خلا کی رقاصہ

آدمِ نو کے انتظار میں ہے

زمین کے لیے خلا کی رقاصہ کا لقب، یا استعارہ، مجھے بہت اچھا لگا۔ زمین کا حسن، اس کی وسعت، سیارے یا ستارے کی حیثیت سے محفلِ آفاق میں اس کا وجود، مسلسل رقص میں محو لیکن خلائے بسیط میں بالکل تنہا، گویا وہ سچے فنکاروں کی طرح سامع یا تماشائی سے بے نیاز ہو، حتیٰ کہ وقت سے بھی بے نیاز ہو، کہ خلا میں لامکانی ہے اور جہاں لامکانی ہے وہاں وقت بھی نہیں۔ یہ سب باتیں کچھ مبہم، کچھ بہت روشن میرے ذہن میں گونجتی رہیں۔ آج بھی جب وہ شعر یاد آ جاتے ہیں تو اسی طرح کی محویت اور مصروفیت، اسی طرح کی لگن اور زمان و مکان کے اسی تسلسل کی تصویر ذہن میں ابھرتی ہے جس نے اس دن میرے نوآموز تخیل کو زندگی کی سی حرارت اور سرور عطا کیا تھا۔ پھر یہ خود اعتمادی، کہ زندگی کو بنانے اور سدھارنے کے لیے ہم تقدیر پر نہیں بلکہ تدبیر اور عمل پر بھروسا کرتے ہیں۔ "کب مقدر کے اختیار میں ہے" کا آہنگ اور استفہام وجود انسانی کی افضلیت اور اشرفیت کے اعلان کی طرح تھا۔ اور وہ "آدمِ نو" جس کے

انتظار میں خلا کی رقاصہ نے اپنی محفل تنہا آباد کی تھی کہانیوں کے پر اسرار شہزادے، یا ققنس کی طرح اپنی خاکستر میں سے جی اٹھنے والے کسی مرد تقدیر کی طرح تھا جس کے نمودار ہوتے ہی ہماری زمین خود کو اس کے سپرد کر دے گی۔

یہ سب از حد رومانی تو تھا، بلکہ بڑی حد تک تعمیمی اور آسان حل کی طرح کا تھا، ایسا حل جسے چادر کی طرح اوڑھ اڑھا کر بڑے اور پیچیدہ مسائل اور خوف اور خون سے بھری ہوئی حقیقتوں کو ڈھانکنے کا کام لیا گیا تھا۔ لیکن یہ دلکش پھر بھی تھا، کہ انسان کا ذہن، اور خاص کر انسانوں کے بچوں کا ذہن فریب کھانے کے بہانے تراشتا رہتا ہے۔ اسے 'واماندگی شوق تراشے ہے پناہیں' کی ایک صورت کہیے، یا قول سے زیادہ عمل کو معتبر چاہنے کی امید کا اظہار کہیے، لیکن ہے یہ انسانی زندگی کی حقیقت، اور احمد ندیم قاسمی کے یہ مصرعے اسی حقیقت کا دوسرا نام ہیں۔

''زندگی کو سنوارنے'' کا فقرہ اس وقت تو نہیں، لیکن بعد میں مجھے کچھ کمزور لگنے لگا تھا۔ ''سنوارنا'' تو شاید کسی اچھی چیز کو اور بہتر بنانے کو کہتے ہیں؟ شاید '' سدھارنا'' بہتر ہوتا؟ لیکن شاید اس زمانے میں یہی محاورہ مقبول تھا۔ نشور واحدی صاحب کا مصرع بھی ان دنوں بہت مشہور ہوا تھا :

جب کوئی سنور گیا زندگی سنور گئی

یہ سب سہی، لیکن ''زندگی کو سنوارنا'' مجھے اب کچھ بہت اچھا نہیں لگتا۔ مگر یہ بات اس وقت میرے لیے کچھ اہمیت نہ رکھتی تھی۔ وہ زمانہ ترقی پسند تحریک کے زور و شباب کا تھا۔ اس وقت ہم لوگوں کو ترقی پسند ادیبوں کے حالات جاننے، ان کی کتابیں اور رسالے پڑھنے، ان کے بارے میں باتیں کرنے کا شوق تھا۔ زبان و بیان کی اہمیت اگر تھی تو ثانوی تھی۔ احمد ندیم قاسمی کے بارے میں یہ معلومات میرے لیے زیادہ با معنی تھی کہ وہ ذات کے سید اور ایک صوفی خاندان کے فرد ہیں اور ان کا نام احمد شاہ ہے اور پنجاب میں تمام سیدوں کی بڑی آؤ بھگت ہے، لوگ انھیں ''شاہ صاحب'' کہتے ہیں۔ احمد ندیم قاسمی نے سرکاری نوکری چھوڑ کر شعر و شاعری اور صحافت اور سیاسی کاموں کا مشغلہ اختیار کر لیا ہے اگرچہ اس میں فائدہ کچھ نہیں، بلکہ نقصان ہی نقصان ہے۔ ہم جو گلشن ادب کے نو آموز اور نوپر تھے، ہمیں یہ سب باتیں بڑی دلکش، رومانی، اور شاعر کے منصب کے عین مناسب معلوم ہوتی تھیں۔ ترقی پسند ادب نے ادیب کو ہیرو کے طور پر پیش کرنا آغاز کیا تھا اور ہم سب کسی نہ کسی نہج سے اس بات کو درست سمجھتے تھے۔ یہی وجہ ہے کہ رشید احمد صدیقی کا یہ قول ہم میں سے اکثر کو بالکل بجا اور قابل یقین معلوم ہوتا تھا کہ برا شخص اچھا شاعر نہیں ہو سکتا۔

یہ انجمن ترقی اردو کے لیے بڑی تحسین اور افتخار کی بات ہے کہ نئے ادب کا دور شروع ہوتے ہی انجمن نے نئی شاعری کا ایک انتخاب شائع کرنے کا منصوبہ بنایا۔ '' انتخاب جدید'' کے نام سے یہ گلدستہ آل احمد سرور اور عزیز احمد نے مرتب

کیااور انجمن نے اسے 1943 میں شائع کیا۔اس انتخاب میں اکثر ترقی پسند شعرا نظر آتے ہیں لیکن احمد ندیم قاسمی ان میں نہیں ہیں۔اس کی وجہ غالباً یہ ہے کہ اس وقت تک قاسمی صاحب کا نام بطور افسانہ نگار زیادہ مشہور تھا۔اس وقت ترقی پسند شاعری کے دو رنگ رائج تھے،اور شاید ہمیشہ رائج رہے۔ایک تو فیض صاحب کا رومانی، کیفیت سے بھر پور، شائستہ، تھوڑی سی محزونیت لیے ہوئے، استعارہ و تشبیہ اور نئے نئے الفاظ وتراکیب سے جگمگاتا ہوا اسلوب، اور دوسرا سردار جعفری کا بلند آہنگ، خطیبانہ، براہ راست گفتگو کا انداز، جس کی انتہائی شکل سید مطلبی فریدآبادی کی نظم میں نظر آتی تھی۔بعد میں مجروح صاحب نے کچھ غزلوں میں اور نیاز حیدر نے اپنی تمام نظموں میں یہی اسلوب اختیار کیا۔"انتخاب جدید" میں دونوں رنگوں کے محتاط نمونے ملتے ہیں۔احمد ندیم قاسمی کا اسلوب شعران دونوں سے مختلف تھااور اسے مقبول ہونے میں دیر لگی۔

اگرچہ احمد ندیم قاسمی کے اصل شاعرانہ جوہران کی نظم میں نظر آتے ہیں لیکن انھوں نے غزل میں بھی کئی شعر ایسے کہے جو اس قدر مقبول ہوئے کہ کم وبیش ضرب المثل کا درجہ اختیار کر گئے :

کون کہتا ہے کہ موت آئی تو مر جاؤں گا

میں تو دریا ہوں سمندر میں اتر جاؤں گا

تیرے پہلو سے جو اٹھوں گا تو مشکل یہ ہے

صرف اک شخص کو پاؤں گا جدھر جاؤں گا

***

یکساں ہیں فراق ووصال دونوں

یہ مرحلے ایک سے کڑے ہیں

***

دل گیا تھا تو یہ آنکھیں بھی کوئی لے جاتا

میں فقط ایک ہی تصویر کہاں تک دیکھوں

جہاں تک نظم کا معاملہ ہے، ندیم صاحب کی بڑی صفت یہ تھی کہ ان کے تخیل میں کچھ اس طرح کی آسمان گیری ہے جو اقبال کی یاد دلاتی ہے اور اقبال ہی سے متاثر معلوم ہوتی ہے۔یعنی اقبال جس آسانی اور بے تکلفی سے فلک، چاند تاروں، سورج، خلائے بسیط اور زمان ومکان پر مبنی استعارے اور پیکر اپنی نظم اور غزل میں استعمال کرتے ہیں، کچھ اسی

طرح کی آسماں گیری قاسمی صاحب کے یہاں بھی ہے، اگر چہ قاسمی صاحب کے یہاں اقبال جیسی تعقلاتی کیفیت اور ڈرامائی رنگارنگی نہیں۔ قاسمی صاحب کی جس نظم کے دو شعر میں نے شروع میں درج کیے ہیں ان میں بھی یہی آسمان گیری نمایاں ہے۔ یہاں زمین صرف زمین نہیں ہے بلکہ کائنات میں گھومتا ہوا، رقص کرتا ہوا ایک ماورائے انسانی، خلائی وجود ہے۔ اب ایک اور نظم کے یہ مصرعے دیکھیے :

اگر وقت سورج کی زرکار بھلی کو صرف ایک پل کے لیے روک سکتا

اگر یہ جہاندیدہ کاہن کبھی انقلابات کا راستہ ٹوک سکتا

لپکنا مگر اس کی تقدیر میں ہے پلٹنا بھی دشوار تھمنا بھی مشکل

یہ راہی قیامت میں سستا سکے گا ازل اس کی نگری ابد اس کی منزل

اگر وقت کی شاہراہیں معین ہیں، یہ شام یہ شب یہ پو یہ سویرا

تو دہکے ہوئے سرخ پہیوں کے چکر میں جل جائے گا اجنبی کا پھیرا

ناگزیر

پہلے یہ بات واضح کر دوں کہ "سرخ پہیوں" سے مراد اشتراکی انقلاب وغیرہ کی سرخی نہیں، بلکہ سورج کی "زرنگار بھلی"، یعنی وقت کا سفر ہے۔ وقت وہ انقلابی آگ ہے جو اجنبی طاقت کے پھیرے کو جلا کر خاک کر دے گی۔ نظم کو ہم مارکسی نقطۂ نظر سے تاریخ کی ناگزیریت کے نظریے پر مبنی کہہ سکتے ہیں۔ لیکن بنیادی بات یہ ہے کہ تاریخ کی ناگزیریت کو بیان کرنے کے لیے احمد ندیم قاسمی نے آسمان، سورج، وقت کی شاہراہ، ابد، ازل جیسے الفاظ پر مبنی پیکر اور تصورات کا انتخاب کیا ہے۔ بعض الفاظ تو بالکل ہی اقبال کی تخلیقی بازگشت معلوم ہوتے ہیں۔

میں نے قاسمی صاحب کے بہت سے افسانے اپنے زمانۂ نوجوانی میں پڑھے۔ بعض مجھے اچھے لگے، بعض نے مجھے اس لیے متاثر کیا کہ وہ اس روایتی خوبی سے معرا تھے جو احمد ندیم قاسمی کی خاص صفت بتائی جاتی ہے، یعنی پنجاب کے دیہات کی تصویر کشی۔ ویسے مجھے یہ بات ہمیشہ کچھ نامناسب لگی کہ افسانہ نگاروں کو اس طرح علاقوں میں بانٹ دیا جائے، کیونکہ پھر ان کی شخصیت انھی علاقوں کے حوالے سے متعارف اور مذکور ہوتی ہے۔ بیدی صاحب جیسے بڑے افسانہ نگار تو اس علاقائی پھندے سے بچ نکلتے ہیں، اور بیدی صاحب یوں بھی اس قدر متنوع ہیں اور ان کے تنوع کا ہر رنگ اس قدر توجہ انگیز ہے کہ ان پر کوئی لیبل فٹ نہیں آتا۔ لیکن بلونت سنگھ، سہیل عظیم آبادی، احمد ندیم قاسمی جیسے عمدہ لیکن نسبتۂ محدود افسانہ نگار نقصان میں رہتے ہیں۔

بہر حال، وقت گزرنے کے ساتھ قاسمی صاحب کا تصور میرے ذہن میں ایک روشن خیال بزرگ اور وسیع الاخلاق مدیر کی صورت میں روشن ہوتا گیا۔ سنہ ساٹھ کی دہائی میں، جب ترقی پسند تحریک اپنے معنی کھو چکی تھی (پاکستان میں اس کا حال ہندوستان سے بھی زیادہ ابتر تھا) اور ترقی پسند ادب صفحۂ ادب کے مرکز سے ہٹ کر حاشیے پر آ گیا تھا اور فیض صاحب کے سوا تمام ترقی پسند ادیبوں کے مستقبل پر سوالیہ نشان لگنے کی نوبت آ رہی تھی، قاسمی صاحب نے 1963 میں ''فنون'' نکالا اور وہ بہت جلد اردو کی ادبی دنیا میں ایک اہم شخصیت کے طور پر واپس آ گئے۔ ''فنون'' ترقی پسند رسالہ نہ تھا۔ لیکن یہ جدید، یا قدامت پسند رسالہ بھی نہ تھا۔ ''فنون'' کے اوراق ہر طرح کے ادب کے لیے کھلے ہوئے تھے، بس معیار کی بلندی اور انداز کی تازگی شرط تھی۔ قاسمی صاحب نے کوئی ترقی پسند گو شوارۂ عمل جاری کرنے کے بجائے تمام ترقی پسند ادب کو زمانے کا ہم قدم ہونے اور پھر بھی ترقی پسند رہنے کی ترغیب دی۔ ہر مکتب فکر اور اسلوب فن کے لکھنے والوں کو ''فنون'' کے صفحات پر جگہ دے کر انھوں نے اس اصول کی تصدیق و توثیق کی کہ اچھا ادب لازمی طور پر کسی جھنڈے یا لیبل کا محتاج نہیں ہوتا۔

سنہ 1969 میں ''فنون'' کا جدید غزل نمبر نکلا۔ اس میں کئی خواص ایسے تھے جو اسے ضخیم نمبروں کی عام ڈگر سے الگ راہ پر قائم کرتے تھے۔ لیکن اس میں ایک خوبی ایسی تھی جو اس طرح کے کسی نمبر کو نصیب نہ ہوئی، نہ پہلے نہ بعد میں۔ اور وہ خوبی یہ تھی کہ اس میں ہر مکتب و منہاج کے اچھے شاعر شامل کیے گئے تھے اور ان شعرا کو بطور خاص جگہ دی گئی تھی جنھیں اس وقت کے ''فیشن'' کے مطابق ''جدید غزل'' کے کسی انتخاب میں شامل ہونے کا استحقاق نہ تھا۔ فہرست سے چند نام حسب ذیل ہیں :

آل احمد سرور، آنند نرائن ملا، احتشام حسین، احسان دانش، اقبال عظیم، حفیظ جالندھری، شفقت مرزا، شیر افضل جعفری، صوفی تبسم، عابد علی عابد، ماجد الباقری، محمد نبی خاں جمال سویدا، منظور حسین شور اور بہت سے دوسرے، جن میں سے بعض کا کلام اس لیے محفوظ رہ گیا ہے کہ وہ ''فنون'' کے جدید غزل نمبر میں ہے۔ اور بہت سے شعرا ایسے ہیں آج جن کے بارے میں توصیفاً کہا جاتا ہے کہ وہ ''فنون'' کے جدید غزل نمبر میں شامل تھے۔ بے خوف تردید کہا جا سکتا ہے کہ کم ہی پرچے ایسے ہوں گے جن کا کوئی خاص نمبر تقریباً چالیس سال گزرنے کے باوجود تازہ اور قابل مطالعہ معلوم ہو۔ وجہ ظاہر ہے۔ قاسمی صاحب کا معیار انتخاب ذاتی یا نظریاتی تعصّبات سے بالاتر تھا۔ ''فنون'' کے علاوہ اور بھی پرچے تھے (مثلاً ''سویرا'') جو نئے ادب کی نمائندگی کرتے تھے، لیکن ''فنون'' جیسی وسعت نظر کسی میں نہ تھی۔

ایڈیٹر کی حیثیت سے قاسمی صاحب میں ایک بڑی خوبی تھی جس پر میں نے ہمیشہ رشک کیا۔ قلمی معاونین کو خط وہ اپنے قلم سے لکھتے تھے۔ اخیر عمر تک ان کا سواد خط بہت پاکیزہ اور حروف کی نشست بہت پختہ تھی۔ خط میں از راہ انکسار اپنا نام وہ ہمیشہ ''ندیم'' لکھتے تھے اور جو تحریر انھیں پسند آتی اس کی تعریف کرتے تھے، خواہ وہ ان کے ادبی موقف کی حمایت

میں ہو یا نہ ہو۔ یہی وجہ ہے کہ اپنے بہترین دنوں میں '' فنون '' سے زیادہ تازہ کار، فکر انگیز مضامین اور عمدہ شعر و افسانہ چھاپنے والا کوئی رسالہ پاکستان میں نہ تھا۔ کراچی کے رسالے نئی تحریروں کے بارے میں بہت محتاط، بلکہ قدامت پرست تھے لیکن قاسمی صاحب ہمیشہ نئی اور متنازعہ فیہ ہو جانے والی تخلیقات کے جویا رہتے تھے۔ انھوں نے محمد حسن عسکری پر محمد ارشاد، اور امیر خسرو، اور وزیر آغا پر رشید ملک کے طول طویل مضامین کئی قسطوں میں شائع کیے۔ ہر شخص ان کی ہر بات سے مطمئن ہوا ہو یا نہ ہوا ہو، لیکن ہر شخص متفق تھا کہ ساری قسطیں بہت خیال افروز اور اعلیٰ علمی سطح کی مثال پیش کرتی تھیں۔

قاسمی صاحب نے کالم اور تنقیدیں بھی لکھیں۔ پاکستان میں کالم کے نام پر جس طرح لوگوں کی پگڑیاں اچھالی جاتی ہیں اور جس طرح کالم نگاری کو ادبی سیاست کے موثر اور مہلک ہتھیار کے طور پر استعمال کیا جاتا ہے، سب اس سے واقف ہیں۔ قاسمی صاحب نے کالم نگاری کے پردے میں ذاتی حملے کرنے کا مشغلہ اختیار کرنے سے عموماً گریز کیا۔ لیکن اس کا مطلب یہ نہیں کہ قاسمی صاحب کی اپنی کوئی رائے نہیں تھی، اپنے تعصّبات نہیں تھے۔ وزیر آغا اور احمد ندیم قاسمی کے اختلافات، فیض صاحب کے بارے میں قاسمی صاحب کی رائے زنی، یہ سب جدید ادب کے جھگڑوں کی تاریخ کا حصہ ہیں۔ لیکن جہاں تک میں جانتا ہوں قاسمی صاحب نے اپنے قلم یا زبان کو تکلیف دہ مذمتوں سے محفوظ رکھا۔ کئی سال ہوئے فراق صاحب پر میری کچھ تحریروں پر، اور خاص کر ناصر کاظمی اور احمد مشتاق کو فراق صاحب پر تفوق دینے کی بات پر آشفتہ ہو کر قاسمی صاحب نے ایک کالم لکھا تھا جس میں منجملہ اور باتوں کے انھوں نے یہ بھی لکھا تھا کہ فراق صاحب کی زندگی میں تو فاروقی صاحب کچھ بولے نہیں، جب فراق صاحب اس دنیا میں نہیں ہیں تو وہ انھیں اپنا ہدف بنا رہے ہیں۔ میں نے وہ کالم دیکھا لیکن خاموش رہا کیونکہ ایسے معاملات میں کچھ کہنا بے اثر ہوتا ہے۔ لیکن اس کالم کی اشاعت کے کئی سال بعد جب ایک معزز معاصر رسالے نے قاسمی صاحب کا وہ کالم بڑے اہتمام سے یوں چھاپا گویا وہ کوئی تازہ تحریر ہو، تو میں نے قاسمی صاحب کو لکھا کہ میں نے فراق صاحب کے بارے میں جو لکھا وہ ان کی زندگی میں لکھا تھا۔ لیکن آج آپ کا وہ پرانا کالم یوں شائع کیا جا رہا ہے گویا وہ آپ کی تازہ تحریر ہو۔

قاسمی صاحب نے فوراً جواب دیا کہ مجھے نہیں معلوم کہ وہ کالم کس نے چھاپا ہے، میری اجازت تو کیا، اشارہ بھی اس میں نہ تھا۔ اور فراق صاحب کے بارے میں مجھے نہیں معلوم تھا کہ آپ کی تحریریں ان کی حین حیات میں شائع ہوئی تھیں، ورنہ میں ایسا کچھ بھی نہ لکھتا جو میں نے لکھا تھا۔ میں نے اس معاملے کو وہیں رفت گذشت کیا کیونکہ اس سے زیادہ کی ضرورت نہ تھی۔

میں پچھلی بار جب لاہور گیا تو میں نے قاسمی صاحب سے ملاقات کا خاص اہتمام کیا۔ اس کی ایک وجہ یہ بھی تھی کہ گذشتہ سے ایک سال پہلے میں لاہور میں اپنے بہت مختصر اور مصروف پروگرام کے باعث ان سے نہ مل سکا تھا، اگرچہ

کوشش میں کوئی کمی نہ تھی۔ میں واپس آیا تو قاسمی صاحب کا شکایت نامہ ملا کہ آپ مجھ سے بے ملے چلے گئے۔ اگر آپ کو فرصت نہ تھی تو کہلا دیتے، میں ہی آ جاتا۔ ظاہر ہے کہ مجھے بہت شرمندگی ہوئی اور میں نے فوراً معذرت نامہ لکھا۔ اس آخری ملاقات نے مجھے رنجیدہ کیا، کیونکہ قاسمی صاحب پر عمر رسیدگی کا اضمحلال نمایاں تھا، اگرچہ گفتگو میں پہلے ہی جیسی شگفتگی تھی۔ واپس آ کر میں نے انھیں کچھ رباعیاں ان کے نام معنون کر کے بھیجیں۔ وہ انھوں نے شائع کر دیں لیکن جواب میں خط کے بجائے ایک دوست کے ذریعہ شکریہ کہلا بھیجا۔

اب لاہور میں میرا کوئی بزرگ ایسا نہیں رہ گیا جس سے میں لاہور جا کر نہ ملوں اور وہ مجھے اپنے ہاتھ سے شکایت نامہ لکھے کہ آپ مل کر نہیں گئے۔

یاران رفتہ آہ بڑی دور جا بسے

(مصحفی)

29C, Hastings Road

Civil Lines، Allahabad (U.P)

تشکر: اردو دنیا ستمبر 2006ء

***

احمد ندیم قاسمی ــــ ایک خراجِ عقیدت

مجتبیٰ حسین

صاحبو! اب تو یہ حال ہو گیا ہے کہ اتوار کی چھٹی کے بعد جوں ہی نیا ہفتہ شروع ہوتا ہے ہم رات کو سونے سے پہلے گڑگڑا، گڑگڑا کر خدائے بزرگ و برتر سے دعائیں مانگتے ہیں کہ اے پاک پروردگار کم از کم اس ہفتے میں اردو کے کسی ادیب یا شاعر کو، چاہے وہ کتنا ہی قادر الکلام، معمر، مستند، نیک اور پاکباز کیوں نہ ہو، عالم بالا میں مشاعرہ وغیرہ پڑھنے کی غرض سے اپنے ہاں طلب نہ کر۔ انھیں اسی دنیا میں اتنی داد، پذیرائی، شہرت (تھوڑا سا واجبی معاوضہ بھی ساتھ میں) دلوا دے کہ ان میں جینے کی نئی امنگ پیدا ہو اور وہ ہم جیسے سخن نا فہموں اور کندۂ ناتراشوں کے درمیان ہنسی خوشی کچھ دن اور جی لیں اور اپنے کلام بلاغت و بلوغت نظام سے ہمیں محظوظ، مستفیض اور مسرور وغیرہ فرمائیں۔ تیرے حکم کے بغیر یہاں پتا بھی نہیں ہلتا۔ جو بھی یہاں آتا ہے وہ ایک دن واپس بھی چلا جاتا ہے لیکن ان دنوں اردو کے ادیب و شاعر (بشمول خود اردو زبان کے) اس دنیا سے نہ صرف جلدی بلکہ جوق در جوق واپس جا رہے ہیں۔ اے پروردگار اپنے کرم سے ان کے یہاں سے واپس جانے کے سلسلے کو فی الحال روک دے تاکہ کچھ دن اور اس دنیا میں گلشن کا کاروبار وغیرہ چلتا رہے اور اردو کے شاعر و ادیب حسب معمول خواب غفلت میں جاگتے رہیں۔ سچ تو یہ ہے کہ یہ لوگ قناعت اور توکل کے اصولوں پر عمل کرنے کے قائل ہیں۔ بھلے ہی انھیں روٹی، کپڑا اور مکان نہ ملے لیکن ان کے کلام اور تخلیقات پر ذرا سی بھی داد، سبحان اللہ، ماشاء اللہ اور جزاک اللہ وغیرہ مل جائے تو برسوں زندہ رہنے کی صلاحیت رکھتے ہیں، چاہے سوکھ کر کانٹا ہی کیوں نہ ہو جائیں۔ ان کی سخت جانی اور جس زبان میں یہ لکھتے ہیں خود اس کی سخت جانی دونوں ایک دوسرے کے ہم پلہ اور ہم سر ہیں۔ اے پروردگار ہماری ایک شخصی اور خصوصی عرضداشت یہ ہے کہ بار بار ہم سے تعزیتی کالم لکھوا کر ہمارے صبر و تحمل اور قوت برداشت کو آزمائش میں مبتلا نہ کر۔ اگر ہم اسی رفتار سے لوگوں کے گزر جانے پر تعزیتی کالم لکھتے رہے تو خود ہمارا کیا ہوگا۔ ہم بھی تو آخر کو انسان ہیں اور ایک دن ہمیں بھی گزر

جانا ہے۔ اگر خدانخواستہ ہمارے سارے احباب اور پیشرو گزر جائیں تو ہمارے بارے میں کون تعزیتی کالم وغیرہ لکھے گا۔ کون اس خلا کی نشاندہی کرے گا جو ہمارے جانے سے ادب وغیرہ میں پیدا ہوگا۔ کون ہماری لحد پر شبنم افشانی وغیرہ کرائے گا۔ ایسے ہی اندیشہ ہائے دور دراز کے بارے میں سوچتے ہیں تو کلیجہ منہ کو آجاتا ہے۔ بعض ستم ظریف تو ہمارا شمار ادیبوں میں نہیں بلکہ ان گورکنوں اور غسالوں وغیرہ میں کرنے لگے ہیں جو انسانوں کو زمین کے اوپر نہیں بلکہ زمین کے نیچے آباد دیکھنا چاہتے ہیں۔ یاخدا ہمیں اس پر آشوب دور سے نجات دلا۔

صاحبو! آج ہم جس ہستی کے بارے میں تعزیتی کالم لکھ رہے ہیں اس کا گزر جانا سارے اردو ادب کا ایک المناک سانحہ ہے اور یہ ایک ایسا نقصان بھی ہے جو واقعی نا قابل تلافی ہے۔ احمد ندیم قاسمی معاصر اردو ادب کے بزرگ ترین شاعر، ادیب اور صحافی تھے۔ 70 برس پہلے انھوں نے غیر منقسم ہندوستان میں جب اپنے تخلیقی سفر کا آغاز کیا تھا تو وہ دور اردو شعر و ادب کا زریں دور تھا اور سارے ملک میں اردو کا بول بالا اور غلغلہ تھا۔ ان کے تخلیقی سفر کے آغاز کے ساتھ ہی ہم نے اس دنیا میں آنکھیں کھولیں اور جب ان کے تخلیقی سفر کی عمر یعنی خود ہماری عمر دس گیارہ برس کی ہو گئی اور اردو شعر و ادب میں ہماری دلچسپی بڑھی تو جن تین ادیبوں کی کتابیں ہم نے پہلے پہل پڑھیں ان میں کرشن چندر، سعادت حسن منٹو اور احمد ندیم قاسمی شامل تھے۔ یہ 1944 یا 1945 کی بات ہے۔ اپنی کمسنی کے باعث ہو سکتا ہے منٹو کے افسانوں کی تہہ داریوں کو ہم سمجھ نہ پائے ہوں لیکن احمد ندیم قاسمی اور کرشن چندر کی تحریروں کے ہم عاشق ہو گئے۔ ہمارا ذاتی خیال ہے کہ احمد ندیم قاسمی نے اپنے تخلیقی سفر کے آغاز کے ساتھ ہی جس اعلیٰ درجہ کا ادب تخلیق کیا تھا اس درجہ کے اعلیٰ معیار کو بعد میں ستّر برس تک برقرار بھی رکھا۔ یوں لگتا ہے جیسے قدرت نے انھیں ابتدا ہی سے ایک بزرگ، پختہ کار اور تجربہ کار ادیب کے روپ میں پیدا کیا تھا۔ اس وقت ہمیں ایک بات اور یاد آئی۔ سنا ہے کہ احمد ندیم قاسمی کے بال جوانی میں ہی سفید ہونے لگے تھے۔ شروع میں تو انھوں نے اپنے بالوں میں سفیدی کو بڑھنے کا موقع عطا کیا (تاکہ ان کی بزرگی اور پختہ کاری مزید عیاں ہو) لیکن جب ان کے احباب نے عین عالم شباب میں ان کے بالوں کی سفیدی پر اعتراض کیا تو بعض احباب کے مشورے سے انھوں نے اپنے بالوں میں خضاب لگانا شروع کر دیا۔ یوں وہ پھر سے جوان رعنا بن گئے۔ ایک دن کسی محفل میں ان کے ایک دوست نے احمد ندیم قاسمی سے کسی صاحب کا تعارف کرانا چاہا تو ان صاحب نے تعارف کے سلسلے کو رکواتے ہوئے کہا "حضور! آپ ان سے میرا کیا تعارف کرائیں گے۔ میں تو ان کو اس وقت سے جانتا ہوں جب ان کے بال سفید ہوا کرتے تھے۔" یہ کہا جائے تو بیجا نہ ہوگا کہ احمد ندیم قاسمی نوے برس تک نہ صرف جوان اور تنومند رہے بلکہ تخلیقی اعتبار سے آخر وقت تک سرگرم عمل بھی رہے۔ ان کا انتقال 10 جولائی 2006 کو ہوا اور ان کے انتقال سے ایک دن پہلے کے روزنامہ "جنگ" میں ان کا لکھا ہوا کالم "رواں دواں" بھی شائع

ہوا۔ جسے انھوں نے 6 جولائی کو لکھا تھا۔ ایسی کارآمد، فعال، سرگرم اور بھرپور زندگی کس فنکار اور کس بزرگ کو نصیب ہوتی ہے۔ احمد ندیم قاسمی نے شمال مغربی پنجاب کے ضلع خوشاب کے گاؤں انگہ میں 20 نومبر 1916 کو آنکھیں کھولیں۔ انھوں نے بہاولپور کے کالج سے بی اے کیا۔ کچھ عرصہ تک محکمہ اکسائز میں اسسٹنٹ انسپکٹر کے طور پر کام کیا۔ اپنے ادبی ذوق اور کیریئر کی خاطر وہ لاہور چلے گئے جہاں ان کی ملاقات لاہور کی معروف ادبی شخصیت غلام صوفی تبسم سے ہوئی۔ ان دنوں لاہور اردو شعر و ادب کا گہوارہ تھا اور اردو ادب کی کئی اہم اور مستند شخصیتیں یہاں فروکش تھیں۔ یہیں سے احمد ندیم قاسمی نے اردو شعر و ادب اور صحافت کو اپنا اوڑھنا بچھونا بنالیا۔ انھوں نے لاہور کے متعدد ادبی رسالوں کی ادارت کی۔ 1943 سے 1945 تک وہ ''ادب لطیف'' کے مدیر رہے۔ 1947 میں وہ مشہور ادبی رسالہ ''سویرا'' کے کچھ شماروں کے مدیر بھی رہے۔ جب محمد طفیل نے ''نقوش'' کا اجرا کیا تو احمد ندیم قاسمی اس کے مدیر مقرر ہوئے لیکن بعد میں وہ ''نقوش'' سے الگ ہو گئے اور 1963 میں اپنا رسالہ ''فنون'' جاری کیا جو آج بھی شائع ہوتا ہے۔ احمد ندیم قاسمی ہمہ جہت شخصیت کے مالک تھے۔ جہاں وہ بہترین افسانہ نگار تھے وہیں وہ اعلیٰ پائے کے شاعر ہونے کے علاوہ بے مثال مزاح نگار، نقاد، صحافی اور مدیر بھی تھے۔ پاکستان کے ادبی حلقوں میں وہ بے حد احترام و عزت کی نگاہ سے دیکھے جاتے تھے البتہ نقاد، شاعر اور انشائیہ نگار وزیر آغا مدیر ''اوراق'' سے ان کی معاصرانہ چشمک کا بڑا چرچا رہا کرتا تھا۔ لیکن یہ معاصرانہ چشمک زیادہ تر یک طرفہ ہوا کرتی تھی کیونکہ احمد ندیم قاسمی خود اس میں شامل نہیں رہتے تھے۔ تاہم ان دونوں کے مداحوں اور معتقدین کے درمیان ''موازنۂ انیس و دبیر'' ہمیشہ زور و شور سے جاری رہا۔ احمد ندیم قاسمی بنیادی طور پر نہایت شریف، باظرف اور شائستہ انسان تھے۔ کبھی کسی کی برائی نہیں کرتے تھے۔ شروع ہی سے وہ ترقی پسند تحریک سے وابستہ رہے۔ 1948 میں حیدرآباد میں پولیس ایکشن کے بعد ابراہیم جلیس جب ہجرت کر کے لاہور آ گئے تو احمد ندیم قاسمی، ابن انشا اور حمید اختر نے ان کی بڑی پذیرائی کی جس کا حال انھوں نے اپنے رپورتاژ ''دو ملک ایک کہانی'' میں تفصیل سے بیان کیا ہے۔ حیدرآبادی ادیبوں سلیمان اریب، جیلانی بانو، اقبال متین، شاذ تمکنت، عزیز قیسی، وحید اختر، مغنی تبسم، عوض سعید، آمنہ ابوالحسن کو انھوں نے اپنے رسالوں میں ہمیشہ بڑے اہتمام سے چھاپا۔ ان کی ایک بڑی خوبی یہ تھی کہ وہ اعلیٰ پائے کے فکاہی کالم نگار بھی تھے۔ 1962 میں جب ہم نے کالم نگاری شروع کی تو وہ روزنامہ ''امروز'' میں عنقا کے قلمی نام سے فکاہیہ کالم لکھا کرتے تھے۔ ان کے طنز میں جو گہرائی اور مزاح میں جو شائستگی ہوتی تھی وہ لاجواب تھی۔ یوں وہ ہمارے پسندیدہ کالم نگار بن گئے۔ برسوں ہم نے ڈھونڈ ڈھونڈ کر ان کے کالم پڑھے یہاں تک کہ ان کی کالم نگاری ہمارے مزاج اور شعور کا حصہ بن گئی۔ احمد ندیم قاسمی نے قلم کو ذریعۂ معاش بنایا اور قلم کی حرمت کو برقرار رکھتے ہوئے نہایت خوددار اور باعزت زندگی گزاری۔

ہمیں اپنے محبوب ادیب سے زندگی میں صرف دو مرتبہ ملنے کا موقع ملا۔ 1988 میں علی صدیقی کی دعوت پر عالمی اردو کانفرنس میں شرکت کے لیے وہ دہلی آئے تھے۔ ہمارے دوست حسن چشتی بھی اس کانفرنس میں شکاگو سے آئے تھے۔ دونوں کا قیام ہوٹل کنشک میں تھا۔ احمد ندیم قاسمی بڑی محبت سے ملے۔ ہمارا حال چال پوچھا مگر ان سے تفصیلی ملاقات اس لیے نہ ہو سکی کہ وہ صرف دو دنوں کے لیے دہلی آئے تھے۔ البتہ 1989 میں ہم کراچی گئے تو ہمارے دو عزیز دوستوں عطاء الحق قاسمی اور امجد اسلام امجد نے، جو احمد ندیم قاسمی کے گہرے عقیدت مند بھی ہیں، ہمیں لاہور آنے کی دعوت دی۔ لاہور اور اسلام آباد میں ہم نے ایک ہفتہ گزارا۔ عطاء الحق قاسمی نے لاہور کے ہوٹل شیزان میں ہمارے لیے ایک محفل رکھی تو اس کی صدارت احمد ندیم قاسمی نے ہی کی جس میں لاہور کے کم و بیش سارے ہی سر بر آوردہ ادیبوں نے شرکت کی۔ احمد ندیم قاسمی نے اس محفل میں از راہ عنایت ہمارے بارے میں جن خیالات کا اظہار کیا وہ ہمارے لیے ایک اعزاز سے کم نہ تھا۔ دوسرے دن انھوں نے ادارہ مجلس ترقی ادب کے دفتر میں بھی ہمیں مدعو کیا جس کے وہ ان دنوں ڈائرکٹر تھے۔ کیسے بتائیں کہ اپنے محبوب ادیب سے مل کر ہمیں کتنی خوشی ہوئی تھی۔ 1997 میں دوبئی سے واپس ہوتے وقت ہمیں آٹھ گھنٹوں کے لیے ٹرانزٹ مسافر کے طور پر لاہور کے ایک ہوٹل میں ٹھہرنے کا موقع ملا تھا۔ احمد ندیم قاسمی سے صرف فون پر بات ہو سکی۔ البتہ امجد اسلام امجد ہم سے ملنے کے لیے ہوٹل پر آئے تو اپنے ساتھ اس ڈاکیومنٹری فلم کا کیسٹ بھی لیتے آئے جسے انھوں نے احمد ندیم قاسمی کی زندگی اور ان کے فن پر ان دنوں بنائی تھی۔ دہلی میں احمد ندیم قاسمی کے کئی چاہنے والوں نے یہ فلم دیکھی اور یہ ہمارے پاس اب بھی محفوظ ہے۔ احمد ندیم قاسمی نے بھرپور زندگی جی اور ساری دنیا میں اپنے بے شمار چاہنے والے پیدا کیے۔ نہ صرف پاکستان بلکہ دنیا بھر کے کئی ممالک میں انھیں اعزازات سے نوازا گیا۔ انھوں نے ادیبوں کی چار پانچ نسلوں کی نہ صرف ذہنی تربیت کی بلکہ اپنے رسالوں کے ذریعے ان کی بھرپور پذیرائی بھی کی۔ احمد ندیم قاسمی نے عوام سے اپنا رشتہ بنائے رکھا البتہ صاحبان اقتدار سے ہمیشہ ایک شریفانہ دوری برقرار رکھی۔ کروڑوں برس پرانی دنیا میں اب کوئی بات ایسی نہیں رہ گئی ہے جو پہلے نہ کہی گئی ہو۔ تاہم ہر زمانہ اپنے ساتھ اپنی بات کو کہنے کا ایک نیا ڈھنگ اور نیا آہنگ لے کر آتا ہے۔ احمد ندیم قاسمی نے اپنے فن کے ذریعے اپنے زمانے کے لب و لہجے کو نیا آہنگ دیا۔

انھوں نے سیکڑوں افسانے لکھے، ہزاروں شعر کہے، ہزاروں کالم اور مضامین لکھے اور اپنی بات کو نہایت وضاحت، صراحت، فراغت، فصاحت اور بلاغت کے ساتھ اپنے قارئین تک پہنچانے کی دیانتدارانہ کوشش کی۔ احمد ندیم قاسمی کی تخلیقات ہمارے ادب کا ایک انمول خزانہ ہیں اور ان کی اس دین کو ہمیشہ یاد رکھا جائے گا۔

آخر میں احمد ندیم قاسمی کے چند اشعار ملاحظہ فرمائیے :

کون کہتا ہے کہ موت آئی تو مر جاؤں گا

میں تو دریا ہوں سمندر میں اتر جاؤں گا

جب بھی دیکھا ہے تجھے عالمِ نو دیکھا ہے

مرحلہ طے نہ ہوا تیری شناسائی کا

خدانہ کردہ کسی قوم پر یہ وقت آئے

کہ خواب دفن رہیں شاعروں کے سینوں میں

آپ دستار اتاریں تو کوئی فیصلہ ہو

لوگ کہتے ہیں کہ سر ہوتے ہیں دستاروں میں

نارسائی کی قسم اتنا سمجھ میں آیا

حسن جب ہاتھ نہ آیا تو خدا کہلایا

یاد آئے ترے پیکر کے خطوط

اپنی کوتاہیِ فن یاد آئی

(بہ شکریہ روزنامہ ''سیاست'' حیدر آباد، 15 جولائی 2006) تشکر: اردو دنیا ستمبر ۲۰۰۶ء کتاب نما، ستمبر ۲۰۰۶ء

محمد خالد اختر

احمد ندیم قاسمی کے بارے میں میں کیا جانتا ہوں؟ ایک انسان دوسرے انسان کے متعلق کیا کچھ جان سکتا ہے؟ ایک آدمی کا بہت تھوڑا روپ اس کے جاننے والوں، دوستوں اور عزیزوں کے مشاہدے کے لیے سامنے آتا ہے۔۔۔ صرف وہی حصہ جو خود ہمارے اندرونی وجود کے آئینے میں منعکس ہوتا ہے اور اسے زندگی کی شاہراہ پر ہمارے قریب لاتا ہے۔ باقی بہت بڑا حصہ۔۔۔ گراہم گرین کے الفاظ میں 'اندر کا آدمی'۔۔۔ اکثر ہم میں سے بیشتر کی نظروں سے اوجھل رہتا ہے۔ ایک بڑا ناول نگار دوستوو سکی، طالسطائی یا ہمارا کہانی نویس منٹو شاید اس حصے کو اپنی عکسی آنکھوں سے دیکھ سکتا ہے، ہر کوئی نہیں۔ یہ کون جانے ایک انسانی دل کے اندر کون سی امنگیں، محرومیاں، خواہشیں پرورش پاتی ہیں؛ کون سے بھسم کرنے والے، ابتدائی جبلی جذبات و احساسات وہاں بستے ہیں۔ ہم سب یک رنگ نہیں اور مختلف حالات اور موقعوں پر ہمارے کردار و افعال مختلف ہوتے ہیں۔ وہ چہرہ جو ایک عوامی لیڈر ہزاروں اور لاکھوں کے بے رخ مجمعوں کے روبرو پیش کرتا ہے، وہ چہرہ نہیں جو اس کے جگری یار اور لنگوٹیے ذاتی مجلس میں دیکھتے ہیں، یا جسے اس کے گھر میں اس کی بیوی اور بچے جانتے ہیں۔

اس کی گھریلو زندگی کا مجھے علم نہیں، مگر مجھے یقین ہے کہ وہ ایک محبت کرنے والا، متحمل مزاج شوہر ہے اور اس نے کبھی غضب ناک ہو کر گھر کے برتن نہیں توڑے۔ گو وہ ایک کہنہ اور بلا کا سگریٹ نوش ہے، اس نے کبھی شراب نہیں چکھی اور بیئر یا وہسکی کا ذائقہ اس کے ہونٹوں کے لیے ناآشنا ہے۔ کتنی بڑی محرومی! لیکن ندیم اسے قطعاً محرومی نہیں جانتا اور شراب نوشی کو 'سات فقہی گناہوں' میں سے ایک گردانتا ہے۔ اپنے ایامِ شباب میں محکمۂ ایکسائز کی دو سال کی ملازمت بھی اسے اس لااُبالی، معصیانہ راہ پر نہ لا سکی۔ ہم اس اخلاقی ضبط کے لیے اس کا احترام کر سکتے ہیں یا خود مبتدی متوالے ہونے کی وجہ سے اس پر رحم کھا سکتے ہیں لیکن حقیقت یہ ہے کہ اس نے ایک درویشانہ اور دیندارانہ ماحول میں آنکھیں کھولیں اور پرورش پائی اور اس کے بچپن کے اخلاقی ٹیبو اس کے خون میں رچ بس گئے ہیں۔ اس نے ان ٹیبوؤں اور تحریموں سے چھٹکارا پانے کے جتن بھی نہیں کیے، کیونکہ وہ اس کے لیے کڑے اخلاقی قوانین ہیں جن سے انحراف مذلت اور خواری ہے۔ میں سمجھتا ہوں ان اخلاقی تحریموں نے اس کی شخصیت کو کسی قدر گھونٹ کے رکھ دیا ہے۔ اس کی گفتگو پُر لطف، دل پذیر اور شگفتہ ہوتی ہے، مگر اس کے ہمراہ گفتگو کے راستے پر کچھ دیر چل کر تم

ایک ایسے مکان پر آنکلتے ہو جس کا آہنی دروازہ اور دریچے بند ہیں اور جس میں سوائے اس کے کوئی داخل نہیں ہو سکتا۔ اس بے ہوا اور اُجاڑ مکان میں وہ اکیلا رہتا ہے، اپنے غالب اخلاقی آسیبوں، پچھتاووں، نامرادیوں اور پشیمانیوں کے ساتھ! ندیم کے دو تین قریبی دوست ہیں، جن میں میں فخر سے خود کو بھی شمار کرتا ہوں، مگر میرا خیال ہے اس کا کوئی ایسا ہمراز نہیں جس کے سامنے اس کی اندرونی زندگی ایک کھلی ہوئی کتاب ہو۔ اپنی تنومند، الھڑ جوانی میں اس نے ضرور کسی سرمگیں آنکھوں والی دیہاتی 'روحی' سے تپتی محبت کی ہو گی، مگر اس کے دوست اس کے بارے میں کچھ نہیں جانتے اور وہ اس کا ذکر تک نہیں کرتا۔ یہ کہی نہ جانے والی بات ہے، قدرے شرمناک، 'ہش ہش'، مخربِ اخلاق قسم کی چیز! اگر ندیم نے کبھی اپنی آپ بیتی لکھی تو بلاشبہ وہ ایک بے حد دلچسپ صحیفہ ہو گی۔۔۔ اس عہد کی ادبی اور تاریخی شخصیات کے متعلق چمکتی دمکتی یادداشتوں سے بھری۔ ہاں اس میں ندیم کس حد تک موجود ہو گا، میں نہیں کہہ سکتا۔

ہاں، میں احمد ندیم قاسمی کے متعلق کیا جانتا ہوں؟ شاید بہت کم۔ شاید اتنا جتنا ایک دوست کو جاننے کا حق ہے۔ ہر انسان اپنی ذات میں ایک جزیرہ ہے اور محبت ہی دو انسانوں کو ایک دوسرے سے ملانے کا واحد پل ہے۔ میں احمد ندیم قاسمی سے اس وقت سے محبت کرتا ہوں جب قسمتوں نے ہمیں پینتیس چھتیس برس پہلے صادق ایجرٹن کالج بہاولپور کے ایوانوں میں اکٹھا لا پھینکا۔ میں فرسٹ ایئر کا طالب علم تھا، وہ تھرڈ ایئر کا۔ مگر خوش قسمتی سے ہم ایک ہی پروفیسر کے گروپ موسوم بہ 'سولجرز' میں شامل تھے۔ 'سولجرز' کے اجلاس ہر ہفتے ہمارے پروفیسر کی صدارت میں ہوتے تھے۔ ہائی اسکول ہی سے مجھے رائیڈر ہیگرڈ، فینی مور کوپر اور رابرٹ لوئی اسٹیونسن کے مہماتی ناول پڑھنے کی لت پڑ گئی تھی اور میں ان کے طرز میں انگریزی میں جنگلی آدمیوں اور بحری قزاقوں کی کہانیاں لکھتا رہتا تھا۔ میں اپنے ذہن کی ایک عجیب خیالی دنیا میں گم صم رہتا تھا، مکمل طور پر مگن! ان میں سے چند کہانیاں میں نے 'سولجرز' میں پڑھیں، جن پر مجھے کافی داد ملی۔۔۔ اگرچہ گروپ کے چند لوگوں نے مجھ سے پوچھا کہ میں نے ان کو کہاں سے نقل کیا ہے۔ ندیم، جو اس وقت احمد شاہ ندیم تھا، 'سولجرز' کے اجلاسوں میں اپنی نئی نئی نظمیں سنایا کرتا۔ ان نظموں میں ایک نئی نغمگی، تازگی اور اُجلاپن ہوتا تھا اور ہم ان کے جادو تلے آ گئے تھے۔ یہ گٹھے جثّے کا، فراخ رو دیہاتی نوجوان ایک فطری شاعر تھا اور اس وقت بھی ہم اس سے مستقبل میں بڑی چیزوں کی توقع رکھتے تھے اور ہمیں یقین تھا کہ وہ جلد ہی شعر و ادب کی دنیا میں اپنا مقام حاصل کرے گا۔ وہ اپنے پروفیسر کا چہیتا طالب علم تھا اور فورتھ ایئر میں آ کر ''سولجرز'' گروپ کا سیکرٹری بن گیا تھا اور کالج میگزین '' نخلستان '' کے اردو حصے کا ایڈیٹر بھی! ادب سے ہمارا سانجھا شغف رفتہ رفتہ ہمیں ایک دوسرے کے قریب لے آیا اور جلد ہی ایک ایسی گہری جذباتی اور دلی وابستگی کی بنیاد بن گیا جو اوائل جوانی میں ہی ممکن ہے اور زندگی کی حسین ترین چیزوں میں سے ایک ہے۔ تقریباً ہر شام کو میں ندیم کے ہاسٹل کے مانیٹر والے بالائی کمرے میں ہوتا۔ وہ مجھے اپنی اس روز کی نظم سناتا اور میں کبھی کبھار اسے اپنی لکھی ہوئی کسی مہماتی کہانی کا حصہ سناتا۔

ان دنوں میں بڑا ہو کر اسٹیونسن کی طرح لڑکوں کے لیے مہماتی ناول لکھنے کی امنگ رکھتا تھا۔ (میں فوری طور پر ایک بحری قزاق بھی بننا چاہتا تھا، مگر اس خواہش کی تکمیل میں کئی ایک دقتیں حائل تھیں۔) آہ اوائلِ جوانی کے سنہری سپنے! یہ شاذ و نادر ہی پورے ہوتے ہیں، لیکن زندگی کی روکھی پھیکی، اُکتا دینے والی وادی میں ان کی دمک مرتے دم تک انسان کے ساتھ رہتی ہے۔

میں اپنے اوائلِ جوانی کے ان ایام کی یادوں میں زیادہ دیر اٹکنا چاہتا ہوں، مگر ندیم نے '' جلال و جمال '' کے طویل دیباچے میں ان ڈھالنے والے (formative) دنوں کی اتنی کہانی پہلے ہی لکھ دی ہے جتنی وہ بتانا مناسب سمجھتا تھا۔ اس کی صلاحیتوں کا رخ مختصر افسانے کی طرف موڑنے میں غالباً میرا بھی تھوڑا بہت ہاتھ ہے۔ میرے اکسانے پر ندیم نے رائیڈر ہیگرڈ کے طرز میں ایک لمبے مہماتی ناول کا آغاز کیا۔ اس نے اس کے اسّی یا نوّے صفحات لکھ لیے اور مجھے پڑھنے کے لیے دیے۔ اور پھر اس نے ہمت ہار دی۔۔۔ یہ اس کا genre نہیں تھا۔ وہ پنجاب کے دیہات کے اصلی لوگوں کی اصلی جیتی جاگتی کہانیاں لکھنا چاہتا تھا۔ بحری قزاق اور جنگلی آدمی اس کی طبیعت کو راس نہ آئے۔ میں نے اسے مختصر افسانے لکھنے کا حوصلہ دلایا اور جلد ہی وہ اس کام میں جٹ گیا۔ کئی دفعہ شام کو گھر سے کالج گراؤنڈ آتے ہوئے میں اُسے گھاس پر لیٹے یا کسی بنچ پر بیٹھے اپنا افسانہ لکھنے میں منہمک پاتا۔ پہلی ہی کہانی شاید اختر شیرانی کے رسالے ''رومان ''میں اشاعت کے لیے قبول کر لی گئی جس سے اس کی ہمت بندھی اور اس نے چند ایک اور کہانیاں لکھیں۔ (ان میں سے بعض کہانیاں بعد میں اس کے پہلے مجموعے ''چوپال ''میں اشاعت پذیر ہوئیں۔) اس طرح شاعر کے علاوہ وہ افسانہ نگار بھی بن گیا۔ ان دونوں اصناف سے وہ ان دنوں آسانی اور آسودگی کے ساتھ نپٹ لیتا تھا اور کالج سے فراغت کے بعد اس نے اپنے فنِ افسانہ نگاری میں کمال حاصل کرنے کے لیے کئی سال بڑی ریاضت کی۔ اس کی مشہور اور بڑی کہانیاں کئی سال بعد کی پیداوار ہیں، مگر بہاول پور کالج کے وہ دو سال وہ عرصہ تھا جب اس کے ادبی ذوق کی کونپلیں نکلیں اور مستقبل کا شاعر اور افسانہ نگار پیدا ہوا۔

کالج سے فراغت کے بعد ندیم بہاول پور سے چلا گیا اور وہ پُر اذیت اور کرب ناک مہینے جو اس نے لاہور میں ڈگری ہاتھ میں لیے کسی چھوٹی سی ملازمت کی تلاش میں جوتیاں چٹخاتے گزارتے، ان کی تلخی اور ہولناکی وہ ابھی تک نہیں بھول سکا۔ جس دفتر میں وہ جاتا 'کوئی اسامی خالی نہیں' کی تختی اس کا خیر مقدم کرتی۔ باہر کی دنیا کی نامہربانی اور بے دردی نے اس خام دہقانی نوجوان کے حساس دل کو بری طرح مجروح کیا اور کئی بار اس نے خودکشی کرنے کی ٹھانی۔ اپنی بوڑھی ماں کی محبت اور اپنے ستارے میں ایمان نے اسے یہ انتہائی قدم اٹھانے سے روکا۔ بہت سے دن اس نے بغیر کچھ کھائے پیے گزارے۔ کئی راتیں لاہور کے گلی کوچوں میں چلتے چلتے کاٹیں۔ اس سارے عرصے میں ہم ایک دوسرے سے مستقل خط و کتابت کرتے رہے۔ اس کے خط شدید جذبات سے بھاری، لبریز اور لمبے ہوتے تھے۔۔۔ میرے

پاس بیرنگ آتے تھے، کیونکہ ڈاک کے عام لفافے کا ٹکٹ اتنے فراواں مواد کی ترسیل کے لیے کفایت نہیں کرتا تھا۔ ہر خط میں وہ اپنی بوڑھی ماں کا ذکر ضرور کرتا جس کی کوکھ نے اسے جنا تھا اور جو اس کے نزدیک ساری دنیا کی عظیم ترین عورت تھی۔ ندیم اپنی ماں کو حقیقتاً پوجتا تھا۔ اس کی دل جوئی کی خاطر، اس خاطر کہ وہ اپنے بیٹے کے کارناموں پر غرور کر سکے، وہ ادب کے آسمان پر اپنا نام درخشاں سونے کے حروف میں رقم کرنے کے لیے تڑپتا۔ میں ندیم کو پنسل سے لمبے خطوں کے ذریعے جواب دیتا (ان دنوں میں ہمیشہ پنسل سے لکھا کرتا تھا)۔ وہ عموماً نوجوانی کے لاأبالیانہ ناسٹیلجیا، کھلے سمندروں، بادبانی جہازوں اور بحری قزاقوں کی باتوں سے معمور ہوتے تھے۔ (میں نے بحری قزاق بننے کا مصمم ارادہ کر رکھا تھا اور یہ یقین رکھتا تھا کہ اس کے علاوہ کوئی اور کیریئر مجھے راس نہیں آ سکتا۔ (نوخیز جوانی کی متوالی خود پرستی اور کھری خود غرضی میں ندیم کے دکھوں اور اذیتوں کی داستان مجھے ضروری حد تک دل گرفتہ نہ کرتی اور میں نہیں کہہ سکتا کہ اس کے لمبے پُر درد خطوط پڑھنے کے بعد میں خون کے آنسو روتا تھا۔ خود نگر اور خود رحمی سے مغلوب نوجوانوں نے اکثر ایسے ناسٹیلجک خطوط ایک دوسرے کو لکھے ہیں۔ ندیم کے چند خط میرے باپ کے ہاتھ آ گئے۔ وہ گھر کے پتے پر بھیجے جاتے تھے اور میرا باپ تجسّس کی وجہ سے انھیں کھول کر پڑھنے میں کوئی حرج نہیں سمجھتا تھا۔ مجھے یاد ہے ایک خط اس نے سارے کنبے کے سامنے چٹخارے لے لے کر اور کٹیلی طنزیہ رائے زنی کے ساتھ پڑھا۔ (میں غصے اور شرم سے کانوں کی لوؤں تک سرخ تھا!) اسے پڑھنے کے بعد اور نوجوانی کی پُرجوش جذباتیت پر کٹ کٹ کرتے ہوئے اس نے اس خط کے ورق میری طرف ان الفاظ کے ساتھ پھینکے، "کون ہے تمھارا یہ دوست؟ کیا تم سمجھتے ہو اس کی دماغی حالت درست ہے؟ میرے خیال میں وہ سراسر پاگل ہے۔" میں تعجب کرتا ہوں کہ اگر میرا باپ ندیم کے نام لکھا ہوا میرا کوئی خط پڑھ لیتا تو اپنے بیٹے کے متعلق وہ کیا رائے قائم کرتا! میری بحری قزاق بننے کی پُرجوش امنگ اس اچھے آدمی کو روئیں روئیں تک ہلا دیتی۔ وہ مجھے آئی. سی. ایس. کے مقابلے کے امتحان میں بٹھانا چاہتا تھا۔ وہ ایک میٹر آف فیکٹ قسم کا، دنیادار، سمجھ دار آدمی تھا۔۔۔ایک ہر دل عزیز، محنتی اور قابل ریونیو آفیسر۔ اس کی شخصیت میں مقناطیسیت تھی، گفتگو میں چمک، اور لوگ، چھوٹے بڑے، اس کی طرف کھنچے چلے آتے تھے اور مجھے شک ہے کہ اپنی دنیوی کامیابی، خوش لباسی اور دینی قیاس آرائیوں کے باوجود اپنے اندرونی وجود میں وہ شاعری کی رمق کے بغیر نہیں تھا، کیونکہ اس کی میز کی دراز میں اولیور گولڈ اسمتھ کی "وکر آف ویکفیلڈ" کا ایک دبیز، سنہری حاشیے کا نسخہ موجود رہتا تھا۔ وہ اکثر اس کتاب کو بڑی مسرت سے پڑھتا اور ہمیشہ مجھے اس کتاب کو پڑھنے کی تاکید کرتا۔ شاید اصل اندرونی آدمی ویکفیلڈ کے پادری کی طرح سادہ لوح، سادہ دل اور بے غرض تھا اور ظاہر ملازمت کی مصروفیتوں اور ماحول کا چڑھا ہوا ملمع تھا۔ (عجیب طور سے، اقبال نے اسے کبھی اپیل نہ کیا اور میں نے اسے کبھی اقبال کا کلام پڑھتے نہیں دیکھا۔ افرنگی قالین اور صوفوں پر اعتراض، پہاڑوں میں بسیرا کرنے کی تلقین اس کے لیے ناقابلِ فہم تھی۔۔۔صاف

پاگل پن!) وہ میری مصنف بننے کی کوششوں پر دانت پیستا اور ناراضگی کا اظہار کرتا۔ ادب سے میرا انہماک اس کے نزدیک وقت کا ضیاع تھا۔ اس کی جگہ بھلا میں آئی. سی. ایس. کے مقابلے کے امتحان کی تیاری کیوں نہیں کرتا تھا؟ اب میں کبھی کبھار اپنے آپ سے پوچھتا ہوں، کیا میرا باپ صحیح نہیں تھا؟ کیونکہ برسوں کی خوش فہمی اور جگر سوزی اور جانکاہی کے بعد میں اس حقیقت کو جان گیا ہوں کہ میں ایک غیر اصلی، فرضی چیز ہوں، کہ ایک تخلیقی مصنف بننے کے قدرتی جوہر دیوتاؤں نے مجھے ودیعت نہیں کیے، کہ میں احمقانہ اور بے فائدہ طور پر ایک سراب کا پیچھا کرتا رہا ہوں۔ میں کبھی اسٹیونسن کی ''ویئر آف ہرمسٹن'' اور'' ماسٹر آف بیلنٹرے'' جیسی کتابیں نہیں لکھ سکتا یا چھپوا سکتا! اگر میں اپنے باپ کی نصیحت پر عمل کرتا تو شاید زندگی کے کسی اور میدان میں اپنی ہستی کی تکمیل اور آسودہ خاطری اور خوشی پا لیتا۔ مگر اب اپنے خول سے برآمد ہونا میرے لیے ناممکن ہو گیا ہے۔ افسوس، اب وقت گزر چکا!

اس بے ربط غیر متعلق انحراف کے لیے مجھے معاف کرو، مگر ندیم پر یہ مضمون ان دو دوستوں کی کہانی بھی ہے جو جواں سالی کی امنگوں اور سنہری سپنوں سے مخمور، ہاتھ میں ہاتھ ڈالے، ادب و سخن کی وادی میں ظفر و فتح یابی کے جھنڈے گاڑنے نکلے۔ ان میں سے ایک قدرتی شاعر اور کہانیاں کہنے والا تھا اور اپنی منزل پانے میں کامیاب ہوا، دوسرا بناوٹی (Fake) تھا اور راہ میں تھک ہار کر رہ گیا، مگر اس کا کیا؟ دو دوستوں میں سے ایک نے کامرانی پائی تو کیا یہ دوسرے دوست کی بھی کامرانی نہیں تھی؟ کیا دوسرے دوست نے بھی اس پُر تکان رہ نوردی میں خوش آواز دیویوں کے اُلوہی نغمے نہیں سنے؟

ہماری لگاتار خط و کتابت تقریباً ایک سال تک جوش و خروش سے جاری رہی۔ کاش میں نے ندیم کے اس زمانے کے کچھ خطوط سنبھال کر رکھے ہوتے! وہ اب میرے پاس نہیں۔ ندیم نے میرے کچھ خطوط بحفاظت رکھے، اور جب اس کی پہلی کہانیوں کی کتاب ''چوپال'' دارالاشاعت پنجاب کے مطبع خانے سے چھپی تو ان خطوط کے کچھ ٹکڑے کتاب کے میرے نام انتساب میں درج تھے۔ ''چوپال'' میں ندیم کے ابتدائی زمانے کی کہانیاں ہیں اور یہ کتاب غالباً اب بازار میں نہیں ملتی۔ یہ خط و کتابت ایک سال بعد کچھ کم ہونے لگی۔ ہم دونوں اس نوحہ خوانی سے کچھ اُکتا گئے اور دوسری دلچسپیوں اور مشغلوں نے ہماری توجہ اپنی جانب کھینچ لی۔ بالآخر یہ تقریباً ختم ہی ہو گئی۔ وہ کیسا زمانہ تھا! میں ندیم کے متعلق نہیں کہہ سکتا لیکن خط لکھنا اب میرے لیے ایک مشکل، کٹھن اور اُکتا دینے والا مرحلہ بن کر رہ گیا ہے۔

لاہور میں اس بے کاری اور مایوسی میں ندیم کو بالآخر ایک سہارا ملا، ایک دوست جس نے اپنی شفقت کے پروں میں لے لیا اور جس کے پاس وہ اپنے غم واندوہ کا تریاق ڈھونڈنے کے لیے جانے لگا۔ یہ اختر شیرانی، تپتے جذبات اور ایروس (Eros) کا شاعر تھا۔ دو بالکل مختلف رنگ ڈھنگ کے آدمی ایک دوسرے کے قریب کیوں کر آ گئے، مجھے بڑا عجیب لگتا ہے۔ اختر شیرانی اسکاٹ شاعر رابرٹ برنز کی طرح ایک شرابی اور عیاش تھا۔۔۔ مکمل آزاد مشرب اور دائمی رنگیلا

عاشق ! ندیم تب کالج سے نکلا ہوا ایک خام، صالح نوجوان شاعر تھا جس کے لیے اپنے سے پندرہ سال بڑے شاعر کی اخلاقیات یقیناً بے حد کریہہ اور نفرت انگیز ہونی چاہیے تھیں۔ اختر شیرانی ان دنوں ایک ماہانہ رسالہ ''رومان'' نکالتا تھا اور ندیم کی کچھ چیزیں، نظمیں اور کہانیاں، ''رومان'' میں چھپیں۔ پنجابی برنز اپنے رند ہونے کے باوجود ایک فن کار تھا۔ اس نے اپنے نوجوان قلم کار کا جوہر بھانپتے ہوئے اس کا حوصلہ بڑھایا اور اسے اپنے پاس آنے جانے کی اجازت دی۔ مجھے یاد ہے ندیم نے مجھے اپنے ایک خط میں لکھا، ''تم لاہور آؤ گے تو میں تمھیں اختر شیرانی سے ملاؤں گا۔ اس جیسا پیارا آدمی میں نے اور کوئی نہیں دیکھا۔'' معلوم ہوتا ہے اختر شیرانی ایک بڑا فراخ دل شخص تھا اور دردمندی اور انسانی محبت کے جذبات اس میں کوٹ کوٹ کر بھرے تھے۔ ندیم کو کئی بار اختر کے گھر پناہ ملی۔ اختر کے اپنے وسائل محدود تھے، مگر اس نے کئی بار ندیم کو اپنے ہاں زبردستی کھانا کھلایا اور ایک دو بار اسے کچھ رقم دینے کی بھی کوشش کی۔ میرا خیال ہے ایک وقت ان کے تعلقات کافی گہرے تھے اور ندیم اپنا بہت سا وقت شرابی اور عیاش مزاج شاعر کی صحبت میں گزارتا تھا۔ اختر شیرانی کے لیے بڑی محبت اور قدر کے باوجود ندیم نے خود کو پنجابی برنز کے رنگ میں نہ رنگنے دیا، یا جیسا کہ ندیم کہے گا، اس کا دامن معصیت سے آلودہ نہ ہوا اور اس کی جوانی بے داغ رہی۔ اس نے اپنے ہر قسم کے اخلاق سے آزاد مربی کے ساتھ ہم نوشی سے اجتناب کیا اور نہ اس کی ہمرہی میں سلماؤں کے شکار کو نکلا۔۔۔ وراثت کے اخلاقی ٹیبوز بہت سخت تھے۔

انھی دنوں ندیم نے ایک خط میں اس خواہش کا اظہار کیا کہ 'نور الٰہی محمد عمر' کی طرح ہماری چیزیں دونوں کے مرکب نام 'ندیم خالد' کے نام سے چھپیں۔ میں اس میں متامل تھا اور میں نے اس تجویز سے اتفاق نہ کیا، جس کا میرے خیال میں ندیم نے قدرے برا مانا۔ مگر میرے پاس اپنی وجوہ تھیں۔ میں حقیقتاً اپنا نام چھاپے میں دیکھنا چاہتا تھا، ادبی فلک پر جگمگانا چاہتا تھا، مگر اپنے دوست کی نگارش کے کریڈٹ میں مجھے شریک ہونے میں عذر تھا اور ندیم کی نظموں اور کہانیوں پر اپنا نام دیکھ کر میری انا کو کوئی تسکین نہیں ہو سکتی تھی۔ اپنے نام کو چھپا ہوا دیکھنے کا آسان طریقہ یہ ضرور تھا مگر میں ادھار مانگے ہوئے کلاہ اور چغے میں ادب کی دنیا میں نہیں گھسنا چاہتا تھا، اور ساجھی سارنگ نوازی مجھے پسندیدہ نہ لگی۔ ہم کبھی اچھے ہم کار (collaborator) نہ ثابت ہوتے اور ہماری دوستی اس تجربے سے صحیح سلامت بچ کر نہ نکل پاتی۔ میں نہیں جانتا کہ نور الٰہی اور محمد عمر کے باہمی تعلقات کیسے تھے اور ان میں سے ایک، دوسرے کے بارے میں کیسے خیالات رکھتا تھا۔ یہ ممکن ہے کہ ہم کاری کے چند سالوں کے بعد نور الٰہی محمد عمر کی صورت سے سخت بیزار ہو گیا ہو اور محمد عمر نور الٰہی کو سامنے آتا دیکھ کر پاس کی کسی گلی میں ڈبکی لگا جاتا ہو۔ جذباتیت ہمیشہ احمد ندیم قاسمی میں رچی بسی رہی ہے۔

وہ ادبی حلقوں میں جلد ہی جانا پہچانا ہو گیا۔ اس کی شاعری میں ایک سادگی، نغمگی اور معصومیت تھی جو ہر ایک کو بھا گئی۔ اس کی کئی غزلیں، سیاسی نظمیں "انقلاب" میں چھپیں اور ان میں سے ایک، جو کافی اچھی اور زوردار تھی، اس نے 'سولجرز' کی میٹنگ میں پڑھ کر سنائی۔ اختر شیرانی کے بعد مولانا عبدالمجید سالک نے جواں سال شاعر کو اخلاقی اور مالی سنبھالا دیا۔ سالک نیاز مندانِ لاہور کے حلقے کا روحِ رواں، انقلاب میں ناقابلِ تقلید، نکھری نثر میں "افکار و حوادث" کا راقم، ادبی اور سیاسی حلقوں میں بار سوخ تھا۔ اس کی دلچسپ، شگفتہ، چٹکلوں سے بھری گفتگو نے ندیم کو گرویدہ کر لیا اور ندیم نے بھی اس کے دل میں جگہ پیدا کر لی۔ عمروں کے تفاوت کی وجہ سے ندیم نے ہمیشہ اپنے تعلقات میں حفظِ مراتب کو ملحوظ رکھا۔ مولانا عبدالمجید سالک کے توسط سے وہ 'نیاز مندانِ لاہور' کے گروپ کے مشاہیر اور دوسرے ادبی لوگوں سے متعارف ہوا۔ دارالاشاعت پنجاب کے امتیاز علی تاج کو اپنے بچوں کے ہفتہ وار رسالے "پھول" کے لیے ایک اچھے مدیر کی جستجو تھی۔ سالک کا امتیاز علی تاج سے بڑا یارانہ تھا، اور جیسا کہ جاننے والے جانتے ہیں (اور یہ کہنا بے رحمی نہیں) تاج کی مشہور تمثیل "انار کلی" کی نگارش کو سنوارنے، اس کے اسلوب کو نکھارنے میں سالک اور پطرس نے بڑی کاوش کی تھی۔۔۔ کیونکہ " چچا چھکن" کا مصنف بھی اور یجنل ادیب نہیں تھا۔ سالک نے تاج سے "پھول" کی ادارت کے لیے ندیم کی سفارش کی، بلکہ ندیم کو اپنے دوست کے حوالے کر دیا۔ اس طرح یہ دیہاتی خام نوجوان ساٹھ روپے ماہوار پر "پھول" کا مدیر تعینات ہوا۔ دارالاشاعت پنجاب کا اصل مہتمم اور منصرم تاج کا بڑا بھائی سید حمید علی ایک مزاج دار، سخت گیر شخص تھا، ناک بہنے کی مستقل بیماری کی وجہ سے چڑچڑا اور بے حوصلہ۔ ندیم نے "پھول" کو بچوں کا ایک اول درجے کا پرچہ بنانے میں بھرپور محنت کی۔ لیکن وہ سید حمید علی کا تنخواہ دار ملازم تھا اور اس ادارت میں اسے خوشی حاصل نہ ہوئی۔ وہ اس ملازمت سے چمٹا رہا، کیونکہ روح اور جسم کا رشتہ قائم رکھنے کے لیے دو وقت کی روٹی ضروری تھی۔ سالک، جو ندیم سے اپنے بیٹے کی سی محبت کرتا تھا، اس کی دل جوئی کے لیے اکثر وہاں آ نکلتا، اس کی غمی اور اداسی کو بھانپ کر ہنسی مذاق کی باتیں کرتا اور پھر کسی نہ کسی حیلے سے حمید علی سے اجازت لے کر اسے کسی ہوٹل میں کباب کھلانے لے جاتا۔ " پھول" میں ندیم نے بچوں کی کتنی ہی اچھی نظمیں لکھیں۔ سالک کے کہنے پر ندیم نے اپنی کہانیاں کتاب کی صورت میں طباعت کے لیے جمع کیں اور سید حمید علی اس کے جملہ حقوق دو سو روپئے میں خریدنے پر راضی کیے گئے اور اس کی پہلی کتاب موسوم بہ " چوپال" دارالاشاعت پنجاب کے مطبع سے شائع ہوئی۔ ایک مصنف کی پہلی کتاب اس کے لیے ایک بڑا ناقابلِ یقین واقعہ ہوتی ہے اور بعد کی زندگی میں کوئی مسرت، اس پہلی کتاب کی مسرت کی طرح تاباں نہیں ہو پاتی۔ ایک دبیز، مجلد کتاب کی پیشانی پر اپنا نام دیکھ کر خوشی اور غرور سے وہ کچھ دن ہواؤں میں اڑا ہو گا۔ "چوپال" میرے نام منسوب تھی اور اس نے اس کی ایک جلد مجھے بھی بھیجی۔ میں

اس کی خوشی میں برابر کا شریک ہوا۔ میں اپنے دوست کی کتاب کو چھپا ہوا پا کر اتنا خوش تھا جیسے یہ کتاب خود میں نے لکھی ہو۔ کافی عرصہ میں "چوپال" کو اپنے سرہانے تلے رکھ کر سوتا رہا۔

ان دنوں میں ہی ندیم کی ایک اور کتاب ایک ہندو مہاشے کے نام سے چھپی۔ میں نے وہ کتاب نہیں دیکھی اور میں نہیں سمجھتا کہ اس کا نسخہ اب بازار میں کہیں موجود ہے۔ یہ رسولِ اکرم کی سوانح تھی اور مہاشے جی نے اس کے لکھنے کا ندیم کو تین سو روپے معاوضہ دیا اور پھر کتاب کو اپنے نام سے شائع کر دیا۔ یہ غالباً ڈھائی تین سو صفحات کی پورے سائز کی کتاب تھی، ندیم کی تین چار ماہ کی جانکاہی کا نتیجہ۔ یہ ایک نادار فاقہ کش مصنف کے استحصال کی ایک دلچسپ مثال تھی۔۔۔ اور یہ غالباً واحد مثال نہیں! ندیم اب شاذ ہی اس کا ذکر کرتا ہے۔ مہاشے جی کی چال بازی اور کتاب کا ضیاع اسے بھول چکا ہے۔ اس کتاب میں غالباً کوئی ادبی خوبی نہ تھی۔

وہ دارالاشاعت پنجاب سے قریب قریب ایک سال منسلک رہا اور پھر اپنے ایک رشتہ دار میجر کی معاونت سے محکمۂ ایکسائز میں سب انسپکٹر جا لگا۔ اس ملازمت کے فرائض اس کی فطرت کے بالکل منافی تھے اور اس نے خود کو پانی سے باہر آئی ہوئی مچھلی کی طرح محسوس کیا ہو گا۔ اسے کئی بار ایسے کام کرنا پڑے جو وہ نہیں کرنا چاہتا تھا۔ یہ یقینی ہے کہ ایکسائز کے محکمے میں ایسا سیدھا سادا، مکر و حیلہ سے عاری، رقیق القلب عہدے دار کبھی بھرتی نہیں ہوا ہو گا۔ پھر بھی میرا قیاس ہے کہ اس کی زندگی کا وہ ایکسائز انسپکٹری کا عرصہ نسبتاً خوشی اور خاطر جمعی کا دور تھا۔۔۔ ایک اچھی آرام دہ فراغت کی سرکاری ملازمت، معاش کی طرف سے اطمینان، خوش باش بے فکرے دوستوں کی صحبت۔۔۔ زندگی بری نہیں تھی! اسے قمار بازوں، شرابیوں، چرس پینے والوں اور انسانی سوسائٹی کی تلچھٹ سے ملنے جلنے، ان کو قریب سے دیکھنے کا موقع ملا اور اس نے دریافت کیا کہ ان میں سے بعض کا دل سونے کا تھا اور روح معصوم! وہ صرف اپنے حالات کے مارے تھے اور عزت دار اور کامیاب لوگوں سے زیادہ خلوص اور دردمندی اپنے اندر رکھتے تھے۔ یہ ماحول ایک کہانیاں لکھنے والے کے لیے ایک اچھا کارآمد اسکول تھا۔۔۔ کم از کم ایک ٹی ہاؤس سے بہتر!

بلا شبہ وہ اس ملازمت کی جکڑ بند سے بالآخر اکتا گیا۔ وہ سب انسپکٹری کے مخصوص سانچے میں نہ ڈھل سکا اور اپنے دوستوں اور عزیزوں کی ناراضگی کی پروا کیے بغیر ایک صبح اس نے اپنے عہدے سے استعفیٰ دے دیا۔ وہ پھر لاہور میں اپنے مقدر کے ستارے کی جستجو میں آ گیا۔ اس کے لیے ایک شاعر اور کہانی کہنے والے کے سوا اور کوئی کیریئر نہ تھا!

بہاولپور کالج سے بی. اے. کرنے کے بعد۔۔۔ سال 1939 میں۔۔۔ میں لاہور کالج میں داخل ہوا؛ اس لیے نہیں کہ قانون سے یا کسی اور دنیوی کیریئر سے مجھے کوئی لگاؤ تھا بلکہ محض اس وقت تک دم لینے کا وقفہ حاصل کرنے کے لیے جب میں بحری قزاق بن سکتا تھا یا تبت میں جا کر دلائی لاما کے چرن چھو کر مکتی حاصل کر سکتا تھا۔ میں ان لوگوں میں

سے ہوں جو اپنی طبیعت میں کسی بل کی وجہ سے نارمل دنیاوی سانچے میں نہیں ڈھل سکتے اور جن کے لیے ہمیشہ انوکھے رومانی خوابوں میں جینا مقسوم ہوتا ہے۔ قانون سے بھلا مجھ کو واسطہ! میں جو فطرتاً ایک لاقانونی اور جنگلی مخلوق تھا۔ وہ لوگ جو میری طرح خوابوں میں رہتے ہیں، اکثر شرمیلے، اپنے ہم جنسوں سے خائف اور مطلقاً غیر عملی ہوتے ہیں اور ایسا ہی میں بھی تھا۔۔۔ ایک انیس سالہ بھولا بھالا، جھجکنے والا لڑکا، زندگی کی شکست وریخت میں مار کھا جانے والا!

ندیم تب اپنی ایکسائز انسپکٹری سے بھاگ آنے کے بعد لاہور میں تھا اور ہم اکثر ملا کرتے۔ اس زمانے کا لاہور، ملک کی تقسیم سے پہلے کا لاہور، ادبی ہنگاموں سے پُر بہار تھا۔ "ادبِ لطیف"، "سویرا" جیسے خالص ادبی پرچے کافی تعداد میں چھپتے تھے اور پڑھے جاتے تھے۔ تب کے لاہور کو ہم صحیح معنوں میں علم وفن کی آماج گاہ کہہ سکتے ہیں۔ اردو زبان کے چوٹی کے نثر نگار، افسانہ نویس اور شاعر لاہور میں رہتے تھے، اس دھڑکتے ہوئے، کثیر آباد تاریخی شہر کی فضا کو اپنی صلاحیتوں کے اجالنے کے لیے سازگار پاتے ہوئے۔ اس وقت کا لاہور کہاں گیا؟ اب ادب کے اجارہ دار پروفیسر اور ڈاکٹر رہ گئے ہیں یا لمبے بالوں والے، چشمہ لگے، انٹلکچوئل نوجوان، جو چائے خانوں میں بیٹھ کر کامیو اور سارتر اور پاؤنڈ پر بحثیں کرتے ہیں اور خود کو ان سے کسی طرح کم نہیں جانتے!

ندیم مجھے اپنے ہمراہ چراغ حسن حسرت کے ہاں لے گیا۔ حسرت کی ادارت میں ان دنوں ہفتہ وار رسالہ "شیرازہ" نکلا کرتا تھا، اردو کا ایک قسم کا "پنچ" میگزین، جس کا میں ایک مشتاق قاری تھا اور جس میں اپنے نام کو چھپے ہوئے دیکھنے کے لیے بے تاب تھا۔ اس بے عیب اردو نثر لکھنے والے سے مل کر مجھے قدرے مایوسی ہوئی۔ شلوار اور قمیص میں جھکی ہوئی گھنی مونچھوں والا ایک تند خو، ان گھڑ، لحیم شحیم شخص، میری ایک ادبی آدمی کی ذہنی تصویر کے بالکل الٹ! ان دنوں میرا خیال تھا کہ ادبی لوگوں کو کوئی فرشتوں جیسی نورانی مخلوق لگنا چاہیے۔ اپنی جھجک کے باعث میں اس خوفناک شخص کے سامنے کچھ کہنے کی ہمت نہ کر سکا۔ سب باتیں ندیم نے کیں۔ اس تعارف کا یہ فائدہ ہوا کہ میرے دو تین ہلکے پھلکے مضامین "شیرازہ" کے لیے قبول کر لیے گئے اور میرا نام چھاپے میں نمودار ہوا۔

ایک دن ندیم نے مجھے ایک نوجوان مصنف کے بارے میں بتایا، ماسٹر آف آرٹس نوجوان جس نے "ادبِ لطیف" میں اپنی پہلی ایک دو کہانیوں سے ادبی دنیا کو ایک ہی ہلّے میں سر کر لیا تھا اور ہر کوئی اس کی باتیں کر رہا تھا۔ اس طرح ہم کرشن چندر سے اس کے داتا دربار کے قریب واقع اخباری دفتر میں جا ملے۔ ایک ہندو بیوہ خاتون نے انگریزی میں ایک ماہوار فیشن میگزین کی اشاعت کا آغاز کیا تھا اور اس کی ادارت کے فرائض غالباً پچھتر روپے ماہوار مشاہرے پر کرشن چندر کو سونپے گئے۔ اس بوٹے سے قد، سرمگیں مفکرانہ آنکھوں والے خوبصورت نوجوان کو میں نے پسند کیا۔ اس کی گفتگو دھیمی، سلجھی ہوئی اور دلچسپ تھی۔ مگر زیادہ تر باتیں ایک لمبے، دبلے پتلے، مچھلی کی آنکھوں والے آدمی نے کیں، جو لوہے کی تاروں سے جڑا ہوا ایک پرندہ لگتا تھا جس نے کسی طریقے سے ایک میلے سوتی سوٹ کے اندر راستہ

پالیا ہو۔ بعد میں ندیم نے مجھے بتایا کہ یہ حضرت پروفیسر کنھیا لال کپور، مشہور طنز نگار تھے۔ اگر میں چاہتا تو ندیم مجھے دوسری ادبی شخصیتوں سے ملانے لے جاتا۔ وہ بیدی، اشک، دیوندر ستیار تھی اور دوسرے ادیبوں کو جانتا تھا۔ پھر محمد دین تاثیر، عبدالمجید سالک، غلام رسول مہر، مولانا صلاح الدین احمد، پرانی روش کے نثر نگار بھی تھے جن سے اس کو خصوصی نیاز مندی تھی لیکن میں ان ادبی ستاروں سے ملنے سے کتراتا رہا۔ میں ادبی لوگوں کی صحبت میں نروس اور سہما سہما رہتا تھا اور اب بھی میرا وہی حال ہے۔

جیسا کہ قرائن سے ظاہر ہے، میں قانون کے پہلے سال میں فیل ہوا۔ میں نے قانون کی کسی کتاب کو اٹھا کر دیکھنے کی زحمت نہیں کی تھی اور امتحان کے پرچوں میں میں نے بڑے اوٹ پٹانگ، پُر مذاق اور غیر متعلق جواب دیے۔
انجینئرنگ کالج میں داخلہ مل جانے سے لاہور میں میرا قیام مزید پانچ سال رہا۔ ندیم میو روڈ پر ایک فلیٹ میں اٹھ آیا تھا اور وہاں ایک سرائے کے کیپر (inn-keeper) کی حیثیت سے رہتا تھا۔ جب بھی میں وہاں جاتا، کوئی ایک درجن کے قریب خوشاب سے آئے ہوئے دیہاتی کمروں کے مختلف کونوں میں چارپائیوں پر مزے سے لیٹے ہوتے۔ اتنی وسیع مہمان داری اس سے کب تک نبھ سکتی تھی! بالآخر اسے یہ فلیٹ چھوڑ دینا پڑا۔ ان سالوں میں ہماری دوستی کی لو کچھ بجھنے لگی اور پرانی چمک دمک اور پہلے والی تابانی ماند پڑ گئی۔ ان پانچ سالوں میں ہم سات آٹھ بار سے زیادہ نہ ملے ہوں گے۔ ندیم کا اس کھچاؤ میں کوئی قصور نہ تھا، ایک عجیب ذہنی بیماری کے بادل مجھ پر چھا رہے تھے۔۔۔ گھنے، کثیف اور دم گھونٹنے والے! میں محسوس کرتا جیسے میں ایک گہرے تاریک گڑھے میں پڑا ہوں اور کبھی سورج کو چمکتے نہیں دیکھ سکوں گا۔

ندیم کے یہ سال ادبی حیثیت سے بہت نتیجہ خیز اور بار آور تھے۔ ہر سال اس کی ایک آدھ کتاب بازار میں آتی تھی۔ اس کے افسانوں کے مجموعے "بگولے"، "طلوع و غروب"، اور "شیرازہ" میں چھپے ہوئے مزاحیہ مضامین کا انتخاب "کیسر کیاری" اسی عرصے میں شائع ہوئے۔ اس کی نظموں اور غزلوں کی کتاب "جلال و جمال" اور دیہاتی رومان کے قطعات کے مجموعے "رم جھم" نے اس کی شاعری کی عظمت کا سکہ ان لوگوں پر بھی جما دیا جنھیں اس کے جینئیس کے بارے میں کوئی شک تھا۔ اسے اپنے نام کو آدھی درجن کتابوں کی پشت پر چھپا ہوا دیکھ کر مسرت ہوتی ہوگی۔ شاعری اور افسانہ نگاری میں اس کی انوکھی صلاحیتوں نے مولانا صلاح الدین احمد جیسے ناقدوں سے داد وصول کی۔ اس کے قلم نے پنجاب کے دیہات کے رومانس اور حسن کو تابناک، کھنکتے ہوئے الفاظ میں اپنی کتابوں میں مسخر کیا۔ نسبتاً کم عمر میں۔۔۔ چھبیس ستائیس سال کی عمر کو پہنچنے تک۔۔۔ وہ اردو ادب کی دنیا میں اپنی شہرت کو مستقل بنیادوں پر قائم کر چکا تھا اور اگر اس غریب دہقانی نوجوان کے دماغ کو اپنے معاصرین کی تحسین نشیلی شراب کی طرح چڑھی تو یہ قدرتی تھا اور ہم اسے اس پر الزام نہیں دے سکتے۔

مگر یہ سال اس کے لیے انتہائی تنگی اور عسرت کی تلخ کامیوں سے پُر تھے اور فکرِ روزگار نے اس کی پریشان حالی کو کم نہ کیا۔

آنے والے سالوں میں اس کی اپنی روزی کمانے کی جدوجہد، ناشروں اور مدیروں کی ناز برداریاں، مکتبۂ جدید کے چودھری نذیر احمد مرحوم کے ماہنامے "ادبِ لطیف" کی ادارت، آل انڈیا ریڈیو میں دو تین سال کی ملازمت، میاں افتخار الدین کے اخبار " امروز" میں "پنج دریا" کے قلمی نام سے مزاحیہ کالم نویسی، بعد میں خود اس کرسیِ ادارت پر جمنا جسے چراغ حسن حسرت اور بالیاقت، کم نصیب ادیب نے خصوصیت بخشی تھی، پھر پروگریسو پیپرز کی حکومت کی تحویل میں آنے پر اس سے علاحدگی، وغیرہ۔۔۔ اس سب کچھ کے بارے میں میں ذکر نہیں کروں گا۔ اس پندرہ سال کے عرصے میں ہم کبھی کبھار ہی یکجا ہوئے اور ہماری خط وکتابت عملاً بند رہی۔ ان سالوں کی حقیقی اور دلچسپ داستان ندیم کو خود لکھنی چاہیے اور ممکن ہے وہ کبھی اس کو لکھے گا، جب اسے زندگی کی پگڈنڈی پر دم لینے اور شام کے جھٹپٹے میں طے کیے ہوئے رستے کو مڑ کر دیکھنے کی فرصت میسر ہو گی۔ اور میری خواہش ہے کہ یہ داستان محض واقعات اور اپنے معاصرین کی حکایات کو ذکر میں نہیں لائے گی بلکہ اس کے 'اندر کے آدمی' کی کہانی بھی ہو گی، گو مجھے اس میں شبہ ہے کہ وہ اتنی جرأت، اتنی پُر صداقت بے باکی بروئے کار لا سکے گا جو ایسی خود نوشت کے لیے ضروری ہوتی ہے۔ اسے اپنی پروڈری کو جھاڑنا اور اس بہروپ کو جسے پہن کر ہم سب دنیا کے کاروباروں میں اپنے ہم نفسوں کے روبرو جاتے ہیں، اتار پھینکنا ہو گا۔ اس کی مرنجاں مرنج طبیعت، وضع داری، اخلاق پرستی، قدیم روش سے فطری لگاؤ۔۔۔ اس کی ظاہری شخصیت کی یہ خوبیاں اس کے اصلی اور سچی بات کہنے کی راہ میں آڑے آئیں گے۔

1962 میں ایک روح فرسا ملازمت کی بیڑیاں پہنے، جن کے لیے میں بالکل نااہل تھا، صحت، امنگ اور ذوقِ زیست میں لٹا ہوا، شدید خود رحمی اور خوف کا شکار، زندگی کے پُر تموج سمندر میں ایک تھکا ہارا تیراک، میں لاہور آیا۔ ندیم سے ملاقاتیں ہونے لگیں، گو آغازِ دوستی کا وہ پہلا والہانہ شعلہ پھر نہ جلا۔ ندیم اپنی معاش کی کٹھن آزمائشوں کے باوجود میرے بارے میں حقیقتاً مشوش تھا۔ وہ ہر ممکن طور پر میرے زخموں پر مرہم رکھنے کی کوشش کرتا۔ وہ میری حالت پر افسوس کرتا اور رحم کا اظہار کرتا۔ کوئی آدمی کتنا ہی تباہ و برباد ہو، رحم کھایا جانا پسند نہیں کرتا اور اپنے اس ہمدرد، حوصلہ مند اور خلیق دوست کا میرے لیے تردّد مجھے بعض اوقات ناگوار گزرتا۔ ایسا رحم، میں سمجھتا ہوں، ایک طرح کی بے رحمی ہے۔

یہاں میرے بھارت بلڈنگ کے دفتر میں ایک دن ندیم میرے پاس آیا۔ اس نے مجھے بتایا کہ اس نے ایک ادبی مجلّہ "فنون" نکالنے کا حتمی فیصلہ کر لیا ہے۔ اس کا ڈیکلریشن لے لیا گیا ہے، دفتر کے کمرے کا بندوبست بھی ہو گیا ہے اور اس کا پہلا نمبر دو مہینے کے اندر اندر اشاعت پذیر ہو جائے گا۔ اس نے مجھ سے "فنون" کے لیے کچھ لکھنے کی فرمائش کی۔

میں کچھ سوچ میں پڑ گیا۔ پچھلے پانچ چھ سال اپنی گھونٹ دینے والی مایوسی میں میں نے اردو کی ایک سطر نہیں لکھی تھی۔۔۔ خط تک نہیں۔ اپنے فیک (fake) ہونے کو جانتے ہوئے میں نے مصنف بننے کی خواہش کسی افسوس کے بغیر ترک کر دی تھی۔ لیکن اتنے اچھے ہمدم سے میں کیونکر انکار کرتا، جب یہ اس کی دلی خواہش تھی کہ میں ''فنون'' کے لیے لکھوں۔ میں نے اس سے کچھ لکھنے کا وعدہ کر لیا۔ اس وقت سے میں باقاعدگی سے ''فنون'' میں لکھتا رہا ہوں۔۔۔ تبصرے، مزاحیہ مضمون، کہانیاں۔۔۔ اور اس مجلے کے چند ہی شمارے ایسے ہوں گے جن میں میرا نام نہ چھپا ہو۔ ندیم نے ہمیشہ اپنی تعریف سے میری ہمت بندھائی اور جو چیز بھی میں نے ''فنون'' کے لیے بھجوائی، اس میں شائع ہوئی۔ ان تبصروں اور مضامین کو کوئی دوسرا ایڈیٹر آنکھ اٹھا کر بھی نہ دیکھتا؛ وہ ایک مربیانہ انداز اختیار کرتا اور زبان و بیان کی خامیوں کی طرف میری توجہ دلاتے ہوئے انھیں لوٹا دیتا۔ ''فنون'' میں میں جو چاہتا تھا لکھتا تھا۔ میرے بعض تبصرے ندیم کو اچھے اور متوازن نہیں لگے ہوں گے، تاہم وہ کسی قطع و برید اور ایک لفظ کے حذف کے بغیر چھپے۔ اس سے مجھے خیال ہوتا ہے کہ وہ اتنا پراوڈ نہیں۔ اس طرح میرے ادبی کیریئر کا پھر سے آغاز ہوا۔ میں اپنے فیک ہونے کی دل شکستگی کو بھول گیا۔ اپنے نام کو چھپا ہوا دیکھنے کی مسرت کافی تھی۔

میری صحت اسی طرح خراب تھی۔ میرے معدے کا نظامِ ہضم درست نہ ہوا۔ مگر ندیم کے ''فنون'' نے مجھے منزل بہ منزل گرنے اور اپنے فطری ملکے (instinct) کی مکمل معدومی سے بچا لیا۔

احمد ندیم قاسمی کی عمر اب چھپن برس ہے، اس کے بال کھچڑی ہو چلے ہیں، مگر اس کی عام تندرستی اچھی ہے۔ وہ اب سمن آباد میں اپنے ایک متواضع اور صاف ستھرے چھوٹے سے مکان میں رہتا ہے۔ ایک نرم دل باپ، ایک اچھا، خیال رکھنے والا شوہر، ہمیشہ خوش اخلاق، متواضع، ہنس مکھ، کسی قدر محتاط اور مطلقاً راست رو اور بری عادتوں سے پاک۔ آمدنی کے محدود ذرائع کے باوجود اس کا ہاتھ بڑا کھلا ہے اور مجھے کچھ کچھ شک ہے کہ وہ روپے کی قدر و قیمت سے پوری طرح واقف نہیں۔۔۔ وہ روپیہ جس کے نہ ہونے سے وہ ایک وقت پریشان حال رہتا تھا اور اس کے پانچوں حواس ماؤف ہو چلے تھے۔ انگریزی ادب اس نے زیادہ نہیں پڑھا اور کالج میں شیکسپیئر اور نصاب کی کتابیں پڑھنے کے بعد اس نے زیادہ تعداد میں مغربی ناول یا مختصر افسانے نہیں پڑھے ہوں گے۔ موپاساں، ترگنیف، چیخوف کی کہانیاں، ایلیا اہرن برگ کے دو ایک ناول، شاید کامیو اور سارتر کی اکا دکا کتاب۔۔۔ ایک اور یجنل مصنف کے لیے، جیسا کہ وہ ہے، اسے گھاٹا نہیں کہا جا سکتا۔ ولیم شیکسپیئر اور وارث شاہ (میں ان کا ندیم سے موازنہ نہیں کر رہا)۔۔۔ دو بڑے اور یجنل اور حیرت انگیز شاعر۔۔۔ بنیادی طور پر 'پڑھنے والے' نہیں تھے، انھوں نے بہت کم کتابیں چاٹی ہوں گی، مگر ان کا نفسیاتِ انسانی کا خلقی مشاہدہ اور فطری قوتِ بیان ایسی تھی جو بہت کم لوگوں کو قدرت ودیعت کرتی ہے۔ ندیم نے البتہ اردو کے کلاسیکی شعرا کے دیوان ایک طالب علمانہ شغف سے مطالعہ کیے ہیں اور علمِ بحور کے متعلق اتنا

کچھ جانتا ہے جتنا کوئی جان سکتا ہے۔ اس کی "جلال و جمال" کے بعد کی شاعری میں ایک کلاسیکی کاملیت (perfection) اور گہرائی ہے۔ مگر ذاتی طور پر میں اس کے پہلے دور کی شاعری سے اس کی سادگی، نکھار اور سچی جذباتیت (passion) کی وجہ سے محبت کرتا ہوں۔ اس میں سوندھی سوندھی زمین کی بو باس ہے۔ اس نے اردو زبان میں بڑے اچھے افسانے لکھے ہیں اور مختلف اسالیب (genres) میں اور اگرچہ اس کی پہلی کہانیاں اپنی اصلی اور سچی دیہاتی فضا کے ساتھ قدرے جذباتیت سے رنگی ہیں، اس کی بعد کی متعدد کہانیوں میں فارم کی پرفیکشن اتنی نمایاں ہے کہ وہ واقعی شاہکار کہی جا سکتی ہیں۔ اس کے نکتہ چیں جو اس کو بڑا افسانہ نگار تسلیم نہیں کرتے، اس کے پاسنگ بھی نہیں۔ ویسے ان صاحبان کے نزدیک بے چارے موپاساں اور ماہم بھی نااہل قصہ گو تھے اور کہانی کہنے کے فن میں بالکل ان گھڑ! ندیم نے شاعری اور افسانہ نگاری کے علاوہ دوسری اصناف میں بھی اپنی لیاقتوں کا استعمال کیا ہے۔ اس نے انگریزی کے گلبرٹ اور سیلوان کے ڈھب پر اردو میں اوپیرا لکھے ہیں، طنزیہ اور مزاحیہ مضامین میں طبع آزمائی کی ہے، ریڈیو، ٹیلی وژن اور فلم اسکرپٹ روانی سے اور قلم برداشتہ تحریر کیے ہیں۔ پھر اس کی روزانہ اخبار میں مزاحیہ کالم نویسی ہے۔۔۔ ہر روز کی پُر تکان مشقت اور تخلیقی فن کار کے لیے ایک بے روح عمل (hack work)! یہ روزانہ کالم اس کی اور اس کے کنبے کی بقا کے لیے ضروری ہیں، اس کا ذریعۂ معاش ہیں، کیونکہ اردو کی ادبی کتابیں بالکل نہیں بکتیں۔ ہوشیار ناشر ایک کتاب کو محکمۂ تعلیم سے منظور کرا کے کتب خانوں میں کھپا دیتا ہے۔ مصنف کی اپنی جلدیں اس کے دوستوں میں تقسیم ہو جاتی ہیں اور ایک ہزار کا ایڈیشن ختم ہونے میں تین چار سال یا اس سے زیادہ کی مدت لگ جاتی ہے اور اکثر یہ ختم نہیں ہو چکتا۔ منشی پریم چند نے، جو اپنے زمانے میں اردو کے ایک شہرت یافتہ اور مقبول مصنف تھے، اپنی پچھلی عمر میں ایک دفعہ حساب لگایا کہ اپنے درجن سے اوپر ناولوں اور افسانوں کے مجموعوں سے انھوں نے کل بتیس روپے ماہوار سے زیادہ نہیں کمایا تھا۔ (اس زمانے کے بتیس روپئے آج کل کے تین سو یا چار سو روپئے سمجھ لو۔) کتنا خوش نصیب تھا پریم چند! ان دنوں اردو کا کوئی ادیب بھی اپنی کتابوں سے اتنی آمدنی پیدا کر سکنے کا دعویٰ نہیں کر سکتا۔ (میں نسیم حجازیوں، ابنِ صفیوں، رضیہ بٹوں کی بات نہیں کر رہا۔) کالم نگاری یقیناً ندیم کا اصل genre نہیں، جس طور سے یہ چراغ حسن حسرت کا تھا یا عبدالمجید سالک کا، اس لیے اس میں تعجب کی بات نہیں کہ بعض وقت اس کے کالم اپنے نشانے پر ٹھیک بیٹھتے ہیں اور بعض وقت فائر بینڈ بے رخ پڑتا ہے اور آدمی کو کالم نگار کے ساتھ ہمدردی سی ہوتی ہے۔

وہ ادبی دنیا کی اس بلندی پر پہنچ چکا ہے کہ ادبی انجمنوں، کالجوں کی مجالس اور ہر ایک قسم کے مشاعروں کی صدارت کے لیے اس کی کافی مانگ رہتی ہے۔ ایک 'بیبا' انسان ہونے کی وجہ سے وہ انکار نہیں کر سکتا اور اکثر طوعاً و کرہاً اسے یہ اعزاز اپنے سر منڈھنا پڑتا ہے۔ اس کی موجودگی جلسے کی شوبھا بڑھاتی ہے، اس کو امتیاز بخشتی ہے اور جلسے کے مہتمم

ایک بڑے ادبی مشیر کو ہتھیا کر فخر و مسرت سے پھولے نہیں سماتے۔ دراصل ایسی صدارتیں اس ملک کی ادبی چہل پہل (literary game) کا ایک جزو ہیں اور شاید ایک مصنف کی ٹیم ٹام کے لیے لازمی بھی۔ میرے دوست کے لیے اب یہ گیم پرانی ہو جانے کی وجہ سے کچھ بور ہو چلی ہے اور میں نے بعض موقعوں پر اسے اپنے مداحوں اور مشتاقوں کی کھیپ کو دیکھ کر پیلا پڑتے اور پھر بڑی وضع داری سے اس تاریخ پر اپنی کسی اور مصروفیت کی اوٹ میں صدارت کی دعوت کو ٹالتے ہوئے پایا ہے۔ ایسے مشکل موقعوں پر اس کا پی اے اختر اسی تاریخ کی کسی اور مصروفیت (engagement) کی یاد دہانی کراتا ہے!

ایک ادبی مجلے کے مدیر کو خالص کاروباری شخص ہونا چاہیے، جو وہ اصلاً نہیں۔ وہ حساب کتاب نہیں رکھ سکتا اور میں اکثر تعجب کرتا ہوں کہ وہ ''فنون'' میں اشاعت کے لیے آنے والے مسودات کو کیونکر سنبھال کر رکھتا ہے۔ وہ کبھی گم نہیں ہوتے۔ ہر ایک مسودہ، نظم ہو یا نثر، وہ خود بغائر نظر پڑھتا ہے، اور ہمیشہ نئی قابلیت کو دریافت کرتا ہے۔ بالکل انجانے، مبتدی لکھنے والوں کے افسانے اس طرح ''فنون'' میں جگہ پاتے ہیں۔ بہت کم مدیروں میں اصلی اور نقلی نگارش اور کندن اور پیتل میں تمیز کرنے کی اہلیت ہوتی ہے اور وہ چیزیں، اکثر اونچے افسروں یا ڈاکٹر نقادوں یا سکہ بند افسانہ نگاروں کی لکھی ہوئی، جو ان کے مجلّوں میں لافانی ادبی شاہکاروں کے دھوم دھڑکے کے ساتھ شائع ہوتی ہیں، ادب سے دور کا واسطہ بھی نہیں رکھتیں۔۔۔ مہمل، بے لطف الفاظ کی صنعت گری! اور ندیم اپنی پروڈری کے باوجود نئے مصنفوں کی ننگی چیزیں بھی چھاپ دینے سے نہیں ہچکچاتا، اگر ان مصنفوں میں جوہرِ قابل کی آنچ ہو اور فن کی سچی لگن! یہ میں مانتا ہوں ایک حالیہ اور قدرے حیران کن نمود ہے۔ ایک دو سال پہلے یہ صورت نہ تھی۔ مجھے یاد ہے کہ اُس نے بعض اچھی اور اعلیٰ پائے کی کہانیوں کو محض اس لیے اپنے رسالے میں نہ چھپنے دیا کہ ان میں جنسی اعضا اور ان کی کارکردگی کا ذکر تھا۔ پھر اس کی یہ عادت بھی تھی (اور وہ اسے ایک مدیر کا استحقاق سمجھتا ہے) کہ وہ اپنے شاعروں اور افسانہ نگاروں کی تحریروں میں ننگے 'تھری لیٹر' الفاظ اور فحش، غیر مہذب خیالات چھانٹ کر ان کی اصلاح کر دیتا تھا۔ تھری لیٹر الفاظ کی جگہ شرافت اور شائستگی کے آئینہ دار الفاظ تحریر میں سج جاتے تھے۔۔۔ اکثر لکھنے والے کے معنی یا خاص تاثر کو جو وہ ان الفاظ سے پیدا کرنا چاہتا تھا، زائل کرتے ہوئے یا ساری تصویر کو ایک نیا رنگ دیتے ہوئے! بہر حال ایسی درستی لکھنے والے پسند نہیں کرتے اور اصلاح دینے والے پر دانت پیستے ہیں۔ کس طرح ندیم کا رویہ اب بدل گیا ہے، یہ میں نہیں جانتا۔ کیا پروڈری کے بادل اب چھٹ رہے ہیں؟ کیونکہ ''فنون'' کے پچھلے چند شماروں میں چند ایک ایسی چیزیں چھپی ہیں جنھیں دو تین سال پہلے کا ندیم چھاپنے میں جھجک اور رکاوٹ محسوس کرتا۔ ''فنون'' کے لکھنے والے اپنے ایڈیٹر کی اخلاق پرستی کی ڈھیل کو بھانپ کر اب کھل کھیلنے لگے ہیں۔ یہ شاید ان کے لیے اور خود پارسا

ایڈیٹر کے لیے اچھا ہے۔ جدید پود، ممنوعات سے سرکشی پر آمادہ، جنس کو اس طرح لیتی ہے جیسے اینیما کے ڈبے کے استعمال کو!

ندیم کی خط و کتابت کافی وسیع تھی (کتنے لمبے اور جذباتی خطوط اس نے منٹو اور دوسرے ادیبوں کو لکھے ہوں گے!) اور اب بھی اتنی کم نہیں۔ اس کی بیشتر مکاتیب نگار غالباً خواتین ہوتی ہیں۔۔۔ ذوقِ ادب و سخن میں مشق کرنے والی عورتیں، نوعمر، ٹین ایج لڑکیاں جن کی ادبی تمنائیں ہیں اور جو "فنون" میں اپنا نام دیکھنا چاہتی ہیں۔ وہ ہمیشہ سخن گذاری کے فن میں ان کی کوششوں کو سراہتا ہے، ان کی صلاحیتوں کو اجاگر کرنے میں مسرت محسوس کرتا ہے۔ اس طرح "فنون" نے کئی نئی پود کی شاعرات اور افسانہ نگاروں سے، جن میں اصلی لیاقت کی دمک ہے، پڑھنے والوں کو متعارف کیا ہے۔ ندیم دراصل جدید پود کی جذباتی آزادی اور بے جھجک اظہار سے خوش نہیں۔۔۔ وہ عصمت و عفت مآب کیوں نہیں ہو سکتیں اور اپنی نگارش میں شائستہ اور اچھے الفاظ کیوں نہیں لکھ سکتیں۔ زندگی کی ہر متبرک چیز کے متعلق ان کا بے راہ رو اور گستاخ (flippant) انداز اسے بوکھلاہٹ میں مبتلا کر دیتا ہے۔ ہائے، دنیا کو کیا ہو رہا ہے؟ یہ اس کی سوچ ہے۔ اس نئی پود کی لکھنے والیوں کو وہ اپنے خطوں میں برادرانہ اور پدرانہ شفقت سے ایک متین لہجے میں نصیحت کرتا ہے کہ وہ یوں اخلاق کی پرانی قدروں کا مذاق نہ اڑائیں اور نیکی و عفت مآبی کی راہ سے نہ بھٹکیں!

کیا میں اپنے دوست کے مرقعے میں رنگ بھرنے میں کامیاب ہوا ہوں؟ کیا اتنے بے ربط، بگٹٹ الفاظ اندر کے آدمی کا کچھ مدھم سا ہیولیٰ قائم کر سکے ہیں؟۔۔۔ شاید نہیں! وہ اسی طرح ایک جزیرہ ہے جیسے میں۔۔۔ اور میں اس جزیرے کو اس کے درختوں کی خوشبو، اس کے چشموں کی مٹھاس، اس کی پہاڑیوں کی دل آویزی سے پہچانتا ہوں۔ کیسی زندگی اس نے گزاری ہے! اس نے بچپن میں قرآن پڑھا ہے اور سعدی کی گلستاں بوستاں، اپنے گاؤں کی چراگاہوں میں گاؤں کے لڑکوں کے ساتھ کبڈی کھلی ہے، وہ مفلسی اور غربت کی تلخی جانتا ہے، اس نے نظمیں اور کہانیاں لکھی ہیں، وہ کالج میں والی بال کا کپتان رہا ہے، اعصابی مرض نے اسے ایک لمبی مدت تک بے دم رکھا ہے، وہ جیل گیا ہے، اس نے چین دیکھا ہے، اپنے ٹریڈز (Trades) بدلے ہیں، شادی کی ہے اور بچے بچیوں کا باپ بنا ہے۔ جو کچھ پانے کے لیے وہ زندگی کے سفر پر نکلا تھا، اس نے حاصل کیا ہے۔ (واقعی اس نے حاصل کیا ہے؟) زندگی میں بہت سی چیزیں اس نے نہیں کیں۔۔۔ اس نے پتنگ نہیں اڑائی، اونٹ کا سفر نہیں کیا، رابرٹ لوئی اسٹیونسن کو نہیں پڑھا، ہم جنسی کی محبت نہیں کی، کوہ پیمائی نہیں کی، بکرے کی ٹانگوں اور سموں والے یونانی دیوتا کی شہنائی کے دل کش نغموں پر مست نہیں ہوا، نہ ان کی تال پر اوچھے عیاشانہ ناچ ناچے ہیں۔ کنارِ دریا اُسے برہنہ گلعذار ایروس (Eros) پانی میں پاؤں لٹکائے نہیں ملی اور اس کا دل اس کی رنگین ادا پر نہیں لوٹا۔ وہ اپنے بزرگانِ سلف کے بنائے ہوئے سیدھے راستے سے

نہیں بھٹکا، وہ اپنے ہتھے سے نہیں اکھڑا اور نشاط طبعی کی وادیاں، پیسوں اور آوارہ مزاج روحوں کی پیاری، اس کے لیے اجنبی رہیں !۔۔۔اور کئی دوسرے چیزیں !

میں نہیں سمجھتا وہ ان چیزوں کے لیے کبھی پچھتاتا ہے جو اس نے نہیں کیں۔۔۔اور یہ اچھا ہے۔

یہ ہے وہ با مروّت، انسان کا درد رکھنے والا، خوبصورت آدمی۔۔۔ایک آدمی، احمد شاہ نامی

رفعت سروش

دوروز قبل یہ خبر پڑھ کر آنکھیں بھیگ گئیں کہ اس نسل کا آخری شاعر بھی اس دنیا سے اٹھ گیا جس نسل کے شعرا کا کلام پڑھ کر شعر کہنے کا سلیقہ آیا تھا اور حوصلہ بڑھا تھا۔ اس شاعر کا نام ہے احمد ندیم قاسمی۔ جب میں نے ہوش سنبھالا اور شعر گوئی کی طرف مائل ہوا یہ 1938 کی بات ہے۔ اس زمانے میں اقبال کے کلام کے علاوہ میرے مطالعے میں جوش کے مجموعے "شعلہ و شبنم" اور "حرف و حکایت" اور احسان دانش کا مجموعۂ کلام "تفسیر فطرت" نگینہ جیسی جگہ میں جدید اور ترقی پسند ادب کی رسائی کے نمونے برابر رہے۔ ان دنوں دو شاعروں کے قطعات نے بھی ذہن کو مسخر کر لیا تھا۔ احمد ندیم قاسمی اور اختر انصاری۔ ان دونوں کے قطعات کے مجموعوں کے نام تھے "رم جھم" اور "آبگینے"۔ یہ تاثر اب تک ذہن میں ہے کہ احمد ندیم قاسمی کے قطعات افسانوی رنگ لیے ہوئے ہوتے تھے اور اختر انصاری کے یہاں وارداتِ قلبی کی عکاسی تھی۔ مثلاً ان کا ایک قطعہ تھا ۔

یہ آرزوئیں، یہ جوشِ الم، یہ سیل نشاط
یہ دل کہ ہے تپشِ حسن و عشق کا سوتا
ستم سہے نہیں جاتے بھری جوانی کے
میں ابتدائے جوانی میں مر گیا ہوتا

اور احمد ندیم قاسمی کے دو قطعے یاد آئے ۔

گاؤں کے گھورے پہ مرغے نے اکڑ کر دی اذاں
مرغیاں ڈربے میں کُڑکُڑائیں کہ جانے کیا ہوا
سب کی سب دوڑیں مگر چل دیں یہ منظر دیکھ کر
اک نئی مرغی کے پہلو میں ہے وہ لپٹا ہوا

(آج محسوس کرتا ہوں کہ یہ کیسا بے مثال تمثیلی قطعہ ہے)

دوسرا قطعہ ہے :

باغ سے کچھ پھول توڑے اور بنایا ایک ہار

آپ کے آنے کا جب دل کو یقیں ہونے لگا

وائے ناکامی نہ آئے آپ اور میں بد نصیب

ہار کو اپنے گلے میں ڈال کر رونے لگا

پورا افسانہ ہے اس قطعے میں۔

ان کے افسانے بھی پڑھے جن میں دیہات کی زندگی کا عکس نظر آتا تھا۔ وقت گزرا اور نگینہ سے دہلی دو سال قیام کر کے جب بمبئی پہنچا تو ترقی پسند تحریک سے نہ صرف آشنائی ہوئی بلکہ میں اس تحریک کا ایک رکن بن گیا اور تب معلوم ہوا کہ ترقی پسند تحریک کو فروغ دینے والوں میں ایک اہم نام احمد ندیم قاسمی کا بھی ہے اور اردو افسانے کے عناصرِ اربعہ یعنی کرشن چندر، بیدی، عصمت اور منٹو کے بعد جو پانچواں نام تھا وہ احمد ندیم قاسمی ہی کا تھا۔ اس زمانے میں وہ بہت کہتے تھے اور بہت چھپتے تھے۔ لاہور ان کا مرکز تھا۔ ان کی شخصیت فیض، راشد اور میراجی سے الگ تھی۔ پھر وہیں سے ساحر لدھیانوی ابھر کر آئے اور دیکھتے دیکھتے افقِ ادب پر چھا گئے۔ 1946 میں لکھنؤ سے خدیجہ مستور اور ہاجرہ مسرور (دونوں بہنیں) بھی آئیں، کچھ دن بمبئی رہیں۔ ان دونوں کو احمد ندیم قاسمی سے بہنوں کی سی قربت تھی۔ ہاجرہ مسرور ساحر لدھیانوی کی ناپختہ محبت کا زخم کھا کر عازمِ لاہور ہوئیں۔ اور کچھ دن بعد اس دور کے رسائل میں خط چھپتے تھے، ہجو بہن (یعنی ہاجرہ مسرور) اور ندو بھیا (یعنی احمد ندیم قاسمی)۔ احمد ندیم قاسمی نے ان دونوں بہنوں کو بہت سہارا دیا۔ خدیجہ مستور کی تو شادی کرا دی اپنے ایک بھانجے بابر سے اور ہاجرہ مسرور کی شادی اس کے بعد ہوئی مہوال کے احمد علی سے جو ''ڈان'' کے ایڈیٹر تھے۔

ترقی پسند تحریک بڑے نشیب و فراز سے گزر رہی تھی اور آزادی کے بعد وہ دور بھی آیا جب علی سردار جعفری نے ''نیا ادب'' ماہنامہ میں ''دار و رسن'' کا سلسلہ ترویج کیا جس میں ترقی پسند ادیبوں اور شاعروں کے ''اعمال ناموں'' کا حساب کیا جانے لگا اور اکثر معتوب ٹھہرے۔ یہ بحث بہت طویل ہے۔ صرف اتنا عرض کر دینا ہے کہ سردار جعفری کے منصفانہ قلم نے خواجہ احمد عباس کو ترقی پسندوں کی صفوں سے خارج کر دیا۔ فیض پر مبہم ہونے کا الزام لگایا کیونکہ یہ سمجھ میں نہیں آتا کہ ''یہ داغ داغ اجالا یہ شب گزیدہ سحر'' (فیض) کس پارٹی کا ردِّ عمل ہے۔ سردار کھرا اور صاف بیان چاہتے تھے۔ بہر حال اس ''ٹرائل'' میں پاکستان کے احمد ندیم قاسمی شاید واحد شاعر تھے جن کو ترقی پسند مانا گیا۔ بڑا برا

وقت تھا ''سمجھ دار ترقی پسندوں'' کے لیے۔ یہ قیامت کی رات بھی گزری اور 1960 کے بعد تو ادب کا منظر نامہ ہی بدلنے لگا اور ادب کی ناقدانہ جہات ٹھیک کی جانے لگیں۔

تاریخ ادب شاہد ہے کہ احمد ندیم قاسمی اپنی سنجیدگی اور تخلیقی صلاحیتوں کے ساتھ ایوان ادب میں ایک پر وقار اور غیر متنازعہ مقام پر متمکن رہے۔ وہ ان فن کاروں اور شاعروں کے ساتھ کالم نگاری بھی کرتے رہے کیونکہ پاکستان میں اردو اخباروں میں کالم نگاری نے ایک منفعت بخش صنفِ تحریر کی حیثیت حاصل کر لی اور اک باوقار رسالہ ''فنون'' بھی نکالتے رہے۔ انھوں نے خاموش طریقے سے پاکستان کی کئی نسلوں کی تربیت کی اور ان کا نام ہمیشہ عزت سے لیا گیا۔ وہ نظم و غزل دونوں اصنافِ سخن میں قدرت رکھتے تھے ایک زمانے میں تخلیقِ آدم اور زمین کے تعلق سے بہت سی نظمیں کہی جاتی تھیں۔ جوش کی ایک طویل نظم تھی۔ راقم الحروف نے بھی ''زمین آدم'' کے عنوان سے ایک ریڈیائی ڈراما لکھا تھا۔ وہ ڈراما میں نے انجمن ترقی پسند مصنفین کی ایک میٹنگ میں سنایا۔ اس پر کافی گفتگو ہوئی۔ ظ. انصاری نے تو یہاں تک کہا کہ اس میں کچھ اشیا ضرب المثل بن جانے کے لائق ہیں۔ سردار جعفری نے نظم کو طویل بتاتے ہوئے کہا کہ احمد ندیم قاسمی نے ایک ہی شعر میں اس موضوع کو سمیٹ دیا ہے۔

یہ زمیں، یہ خلا کی رقاصہ
آدم نو کے انتظار میں ہے

میں نے محسوس کیا کہ احمد ندیم قاسمی نے زمین کو خلا کی رقاصہ کہہ کر واقعی شعری کارنامہ انجام دیا ہے۔ میرے دل میں تو بچپن سے ہی احمد ندیم قاسمی کا احترام تھا اس میں اور اضافہ ہوا۔

تقسیم کے بعد دونوں ملکوں میں جو دوری ہو گئی ہے اس نے باوجود ثقافتی ہم آہنگی کے دونوں ملکوں کے ادیبوں اور شاعروں کو دور دور کر دیا۔ میں چونکہ آل انڈیا ریڈیو میں ملازم تھا اور وقتِ ضرورت 1965 اور 1971 میں اپنے ملک کا نقطۂ نظر واضح کرنے اور ریڈیو پر براڈکاسٹ کرنے کے باعث میرا پاکستان جانا مشکل ہی تھا مگر میں 1982 میں اپنے دوست محمد حسن عسکری (ابن سعید مرحوم، اس وقت کے پاکستان کے پریس منسٹر) کی عنایت سے ایک ماہ کے ویزا پر پاکستان گیا اور صرف تین دن لاہور ٹھہرا مگر وہ تین دن بہت یادگار دن تھے۔ 5 نومبر 1982 کی شام کو لاہور کے مشہور ہوٹل 786 کے کشادہ ہال میں ایک جلسے کا انعقاد کیا گیا جس میں اس وقت کے سب قابلِ ذکر شاعر اور ادیب جلسہ گاہ میں موجود تھے۔ قتیل شفائی، عطاء الحق قاسمی، منیر نیازی، سعادت سعید اور دیگر حضرات۔ میرے لیے خوشی اور فخر کی بات یہ تھی کہ جو جلسہ مجھ ناچیز کی عزت افزائی کے لیے منعقد کیا گیا تھا اس کی صدارت وہ شخص کر رہا تھا جس کا کلام میں بچپن سے پڑھتا آیا تھا، یعنی احمد ندیم قاسمی۔ میں اس تاثر کو آج بھی اپنے ذہن میں زندہ محسوس کرتا

ہوں جب احمد ندیم قاسمی نے میرے بارے میں تعریفی کلمات کہے۔ ان کی نظر میں ترقی پسند تحریک کے حوالے سے میری شعری خدمات تھیں جس کا اظہار انھوں نے اپنی صدارتی تقریر میں کیا اور مجھے تو یہ نادر موقعہ نصیب ہوا تھا کہ میں احمد ندیم قاسمی کی خدمت میں وہ تاثرات پیش کر سکوں جو میرے ذہن میں ان کے لیے بچپن سے موجزن تھے۔ احمد ندیم قاسمی ایک پر وقار شخصیت کے مالک تھے۔ موزوں قد و قامت، قمیص اور پتلون میں ملبوس (جب کہ وہاں اکثر ادیبوں نے عوامی لباس زیب تن کیا ہوا تھا) بیضاوی چہرہ، آنکھوں پر عینک، آواز میں ٹھہراؤ اور لہجے میں یقین و اعتماد ۔5 نومبر کی وہ شام مجھے ہمیشہ یاد رہے گی جب میں اپنے پسندیدہ شاعر احمد ندیم قاسمی سے ملا، ان کے ساتھ گفتگو کی اور چائے پی۔ اس کے بعد مجھے قاسمی صاحب سے ملاقات کا موقع نہیں ملا۔ جن دنوں چند سال پیشتر وہ دہلی آئے تھے میں بہ عارضۂ کینسر اسپتال میں داخل تھا۔ اور اب ان کے انتقال کی خبر پڑھ کر بے اختیار آنکھیں نم ہو گئیں۔

موت اپنے ساتھ لے جائے گی تو کتنے جنازے

بزمِ اردو میں ہوا جاتا ہے اب تو ہُو کا عالم

وہ اپنی نسل کے آخری شاعر تھے۔ شاید اب ان سے بزرگ کوئی مشہور ادیب یا شاعر پاکستان اور ہندوستان میں نہیں ہے۔ ایک زریں دور کا خاتمہ ہو گیا۔ ایک ہمہ جہت اور ہمہ رنگ شخصیت سے اردو زبان ہمیشہ کے لیے محروم ہو گئی۔

احمد ندیم قاسمی ایک ادبی تحریک تھے، ایک ادارہ تھے، ایک مکتبِ فکر تھے اور ان پر کام کرنے کے لیے ایک ایسی جماعت کی ضرورت ہے جو ان کی شخصیت اور کے فن کے مختلف پہلوؤں کو مجتمع کرے۔ وہ گذشتہ 75 سال کی ادبی تاریخ کے راز داں تھے اور رومانی تحریک سے لے کر مابعد جدیدیت تک ان کے ادب میں سروکار کا مطالعہ اہم ہے اور دلچسپ بھی۔ ان کے ہاں انتہا پسندی نہیں تھی، ایک اعتدال تھا جو ان کی زندگی اور ادب دونوں میں آخر وقت تک موجود رہا۔ ان کے آخری دور کی ایک غزل واضح کرتی ہے کہ وہ عمر بھر کن اعلیٰ اقدار کی پاسداری کرتے رہے۔

میں استعمال سچ کا نسخۂ اکسیر کرتا ہوں

میں بے توقیر انسانوں کی بھی توقیر کرتا ہوں

سدا دیوارِ نفرت پر سجا رکھتا ہوں تیروں کو

میں اپنے دشمنوں کی اس طرح تحقیر کرتا ہوں

میں مٹی سے بنا ہوں، لیکن اونچی ہے انا میری

میں ساتوں آسمانوں پر زمیں تحریر کرتا ہوں

میں فانی ہی سہی لیکن مرا اسلوب تو دیکھو
میں اپنی زندگی میں روز و شب تسخیر کرتا ہوں
مرا اک ایک لمحہ اک صدی ہے اک زمانہ ہے
میں اپنی شاعری میں وقت کو زنجیر کرتا ہوں

(کتاب نما، ستمبر 2005)

سچائی جس کا مسلک، گئے گزرے انسانوں سے بھی جسے محبت اور زمین کی عظمت کا پرچم آسمانوں پر بھی بلند کرنے کا حوصلہ رکھنے والا شخص واقعی یہ کہنے کا حق رکھتا ہے "مرا اک ایک لمحہ اک صدی ہے، اک زمانہ ہے" وہ موت کے منظر سے بھی زندگی کا لطف کشید کرتا ہے اور انسان کو ڈوب کر پھر ابھرنے والا سورج تصور کرتا ہے۔

غروب مہر جہاں تاب کا جلال تو دیکھ
تری بھی عمر اگر منزلِ زوال میں ہے

رجائیت کی ایسی تصویر جس شاعر کے یہاں ہو اس کا کلام کیسے زوال پذیر ہو سکتا ہے۔

احمد ندیم قاسمی کی غزلوں کے کچھ اور اشعار جو ان کی فکر کی تابانی اور تغزل کی لطافت کے حامل ہیں۔

مجھے دکھ یہ ہے کہ بہار میں بھی طیورِ بے پر و بال ہیں
مرے ہم سفر نہ ملول ہوں یہ ملال میرے ملال ہیں
مری بے کلی سے خفا نہ ہو، مری جستجو کا بھی بھرم رکھو
تجھے اک جواب وبال ہے، مرے لب پہ لاکھ سوال ہیں

وہ کتنی سادگی سے اپنی جاں گنوا بیٹھے
مکان گرنے سے پہلے چھتوں پہ جا بیٹھے
عجب تھے ہم بھی کہ سیلاب کے اترتے ہی
کنارِ آبِ رواں بستیاں بسا بیٹھے
بس ایک کنج قفس تک نہ آسکی، ورنہ

صبا چلی تو چمن میں کہاں کہاں نہ گئی

دیارِ عشق کھنڈر، اور دشتِ دلِ سنسان

مگر ندیم کی رنگینیِ بیاں نہ گئی

احمد ندیم قاسمی غزل اور نظم دونوں اصناف سخن میں مہارت رکھتے تھے۔ ان کے یہاں خیال کی گہرائی تھی۔ سوچ واضح تھی۔ انسان کی عظمت کے وہ قائل تھے۔ وہ ترقی پسند تحریک کے ساتھ جوان ہوئے تھے اس لیے ان کے یہاں زندگی کے مسائل سے سروکار، بہتر زندگی کی جدوجہد اور عصری تہذیب کے لیے ناقدانہ رویہ ہے۔ نہایت شائستگی اور شاعرانہ بصیرت کے ساتھ ان کی ایک نظم "ستارہ شناس" کا ایک بند میں اپنی بات کی تائید میں پیش کر رہا ہوں:

اک ایسے دور میں پیدا ہوئی ہے پود اپنی

کہ ایک پل میں زمانے گزرتے دیکھے ہیں

فضا کے دام میں الجھے ہوئے غریب انساں

نظامِ شمس پہ یلغار کرتے دیکھے ہیں

بصیرتوں پہ رہی برق بار جن کی چمک

وہ آفتاب خلاؤں میں مرتے دیکھے ہیں

جنھیں فقط دلِ آدم کی تھی قضا محبوب

وہ زخم سینۂ مہ پر بکھرتے دیکھے ہیں

جو نصف شب کو سنی ہے صدائے پائے سحر

تو دوپہر کو ستارے ابھرتے دیکھے ہیں

اور یہ نظم سائنسی ایجادات اور کائنات پر انسان کی فتوحات کے تصور کو اجاگر کرتی ہوئی شعر پر ختم ہوتی ہے۔

ہیں لمحہ لمحہ کی زد میں صدی صدی کے اصول

کہ ہو رہی ہے نئی صبحِ آگہی بیدار

(افکار، منظومات نمبر ص،44)

احمد ندیم قاسمی نہ صرف یہ کہ افسانہ نگار تھے بلکہ ایک دانشور اور ناقد بھی تھے۔ اردو افسانہ گذشتہ پچاس سال میں بہت زیروبم سے گزرا ہے اور اس نے بمشکل تمام افسانہ پن کو کھو کر اسے دوبارہ پایا ہے۔ اس سلسلے میں احمد ندیم قاسمی کی رائے چراغِ ہدایت کی حیثیت رکھتی ہے اور اس اقتباس کے ساتھ یہ تاثراتی تحریر اختتام پذیر ہوتی ہے :

''افسانے میں افسانے کا عنصر ہر قیمت پر باقی رہنا چاہیے۔ افسانے کی یہ افسانویت ایک منضبط پلاٹ کی صورت میں بھی ہو سکتی ہے، کردار نگاری کی صورت میں بھی، ماحول نگاری کی صورت میں بھی۔ لیکن افسانے میں سے افسانہ غائب ہو گیا تو اس صنف کو افسانے کی بجائے کوئی اور نام دینا پڑے گا۔''

(شاعر، ہم عصر اردو ادب نمبر ص،578)

Saba Apartment،

Sector - 44 D-3

.Noida - U.P

تشکر: اردو دنیا ستمبر 2006ء

***

احمد ندیم قاسمی۔۔۔۔ایک ہشت پہلو شخصیت

نند کشور وکرم

10 جولائی 2006 کو دنیائے ادب احمد ندیم قاسمی ایسی عظیم المرتبت شخصیت سے محروم ہو گئی جو گذشتہ پون صدی سے اردو ادب کی گراں قدر خدمات انجام دینے میں منہمک تھی اور شاید یہ کہنا غلط نہ ہو گا کہ وہ ہمارے دور کے ایسے ہشت پہلو ادیب تھے جو اتنے طویل عرصے تک میدانِ ادب میں سرگرم عمل رہے اور ہر صنفِ ادب میں اپنے قلم کے جوہر دکھا کر اتنی غیر معمولی شہرت و مقبولیت حاصل کی جو بہت کم ادیبوں کو نصیب ہوئی ہے۔

احمد ندیم قاسمی ایک ایسے منفرد ادیب تھے جو افسانہ نگار کے علاوہ شاعر کی حیثیت سے بھی اردو ادب میں ایک بلند مرتبہ رکھتے تھے۔ ان کے لگ بھگ ڈیڑھ درجن افسانوی مجموعے شائع ہو کر عوام سے خراج تحسین حاصل کر چکے ہیں جن میں چوپال، بگولے، طلوع و غروب، سیلاب، گرداب، آنچل، آس پاس، کپاس کے پھول، درو دیوار، سناٹا، بازارِ حیات، برگِ حنا، گھر سے گھر تک، نیلا پتھر اور کوہ پیما وغیرہ شامل ہیں اور اس میں رتی بھر بھی شک نہیں کہ چوپال سے لے کر کوہ پیما تک انھوں نے ایک طویل فنکارانہ ادبی سفر طے کیا تھا۔

قاسمی صاحب کی زیادہ تر کہانیوں کے پلاٹ اور کردار دیہی زندگی کی عکاسی کرتے ہیں۔ جس طرح پریم چند نے اتر پردیش کی دیہی زندگی کو اپنا مرکز بنایا اس طرح قاسمی صاحب کی کہانیاں بھی مغربی پنجاب کے گاؤں کی زندگی کے گرد و پیش گھومتی ہیں اور انھوں نے بڑے دل نشیں انداز میں اس دیہی زندگی کی عکاسی کی ہے جہاں ان کا بچپن گزرا تھا اور جس کی مٹی کی بو باس ان کی رگ رگ میں سمائی ہوئی تھی۔ اور یہ گاؤں میں رہنے کا ہی اثر تھا کہ انھیں غریب کسانوں اور مزارعوں سے ہمدردی، اور لوٹ کھسوٹ اور استحصال کرنے والے زمینداروں اور جاگیرداروں سے شدید نفرت ہو گئی۔ اس ہمدردی اور نفرت کے جذبے کا اظہار بعد ازاں انھوں نے اپنی کہانیوں کے کرداروں کے توسط سے کیا اور ان کی زندگی کو ہمارے سامنے بڑے موثر انداز میں پیش کیا۔

اگرچہ قاسمی صاحب کی ابتدائی کہانیوں میں دیہی ماحول اور زندگی کا بول بالا ہے جس میں غریب اور لاچار عوام جاگیرداروں اور زمینداروں کے ذریعہ پریشان اور استحصال کا شکار ہیں۔ مگر بعد ازاں اپنی تخلیقات "سناٹا" اور "بازارِ حیات" میں فن کی ارتقائی منزل طے کرتے ہوئے وہ اس مقام پر پہنچ جاتے ہیں جہاں وہ زندہ اور متحرک کردار پیش کرتے ہیں اور ان کی تکنیک میں بھی ارتقائی عمل کچھ تیز ہو گیا ہے۔ اس کے بعد وہ ترقی پذیر دور میں یہ کوشش شعوری طور پر کرتے رہے کہ کرداروں کے اندرونی حالات میں تبدیلی لائی جائے۔ اور بالآخر وہ کرداروں کا نفسیاتی تجزیہ کرتے ہوئے نظر آتے ہیں۔

قاسمی ترقی پسند تحریک سے وابستہ رہے مگر انھوں نے انتہا پسندی کے بجائے ہمیشہ اعتدال پسندی کا راستہ اختیار کیا۔ وہ بعض ترقی پسندوں کے ان نظریات سے قطعی اتفاق نہیں کرتے تھے جو مذہب، خدا کی مخالفت اور دہریت میں ایقان کو ہی ترقی پسندی خیال کرتے ہیں۔ تاہم وہ مارکس واد سے ضرور متاثر تھے اور وہ بھی ملک کے غریبوں کو جاگیرداروں اور سرمایہ داروں کے شکنجے سے نجات دلا کر ایک مساوات اور انصاف پر مبنی نظام لانے کے آرزومند تھے اور اسی مقصد کے تحت انھوں نے اپنی کہانیاں لکھیں۔ ان کی کہانیوں کے موضوعات بھی استعماریت کے شکار مزدور، غریب عوام، ظالم جاگیردار اور طوائف ہیں اور یہ سب کردار شہری زندگی کے بھی ہیں اور دیہی زندگی کے بھی۔ انھوں نے کبھی بھی سماجی مسائل کو نظر انداز نہیں کیا اور ان کی کہانیوں میں ان کو بڑی اہمیت حاصل رہی۔ مگر ان کی کہانیوں میں نہ تو منٹو کی طرح جنسی چاشنی کی لذت ہے اور نہ کرشن چندر کی طرح رومان میں ڈوبی حسین زندگی۔ یہ سچ ہے کہ ملک کی تقسیم کے بعد ان کی بعض تخلیقات میں جنس کا ذکر ضرور آیا ہے مگر اسے درحقیقت کردار اور پلاٹ کی ضرورت کے پیش نظر ہی بیان کیا گیا ہے۔

قاسمی صاحب کی کہانیوں میں شاعرانہ حسن و جمال جا بجا بکھرا ہوا ہے۔ یہ حسن کبھی کرداروں کی صورت میں تو کبھی ماحول کی صورت میں ہمارے سامنے آتا ہے۔ اس کی وجہ یہ ہے کہ بنیادی طور پر قاسمی صاحب ایک شاعر تھے لہٰذا وہ جمالیات کے بھی پرستار تھے۔ اس کے علاوہ وہ بڑی خوبصورتی سے اپنی کہانیوں میں تشبیہوں اور استعاروں کا استعمال کرتے ہیں مگر غیر حقیقی اور دیومالائی قسم کی کہانیوں سے وہ ہمیشہ گریز کرتے رہے۔ ان کی کہانیاں ہمیشہ حیاتِ انسانی کے انتہائی نزدیک رہیں ان میں دیومالائی کردار نہیں بلکہ ہماری طرح گوشت پوست کے چلتے پھرتے انسان ملتے ہیں انھوں نے جو کچھ لکھا تجربے کی روشنی میں لکھا اور حقیقت پر مبنی تخلیقات ہی پیش کیں۔ حقیقت پسندی کو اپنا کر ایک طرح سے انھوں نے پریم چند کی روایت کو آگے بڑھایا ہے۔ ان کی کہانیوں کے موضوعات معاشی اور سماجی مسائل ہیں جو ہماری زندگی میں ہمیں قدم قدم پر پیش آتے ہیں۔ جنگ کی تباہیاں اور بربادیاں جن کا نشانہ غریب اور حاجت مند افراد کو اپنی مادی ضروریات سے مجبور ہو کر بننا پڑتا ہے، ان کے لیے سوہانِ روح ہیں۔ دنگے جو انسانیت کے خون کو پانی سے بھی ارزاں بنا دیتے ہیں ان سے بھی انھیں انتہائی نفرت رہی۔ جاگیردارانہ نظام جس میں طاقت ور کمزور کو اپنی طاقت کا نشانہ بناتا ہے اور سرمایہ دارانہ نظام جس میں امیر غریب کا استحصال کرتا ہے، ان موضوعات پر بھی انھوں نے بہت سی کہانیاں قلم بند کیں۔

انھوں نے اپنی کہانیوں میں بعض اوقات ایسی شاعرانہ اور مسحور کن فضا پیدا کر دی جسے پڑھ کر قاری جھوم اٹھتا ہے۔ فطرت اور ماحول کی عکاسی میں ان کا کوئی جواب نہیں، وہ اپنے افسانے کے بنت میں جس مہارت و دسترس کا کمال دکھاتے ہیں وہ بہت کم افسانہ نگاروں کو نصیب ہوا ہے۔ تاہم بعض اوقات وہ بھی واقعات کے بیان میں عام افسانہ نگاروں کی طرح مبالغہ آمیزی سے کام لیتے ہیں اور بات کو بڑھا چڑھا کر بیان کرتے ہیں۔ تاہم ان کی کہانیاں ان کے فنی ارتقا کے ساتھ ساتھ انسانی اور سماجی مسائل پر گہری نظر کی بھی مظہر ہیں۔ جیسا کہ سید وقار عظیم نے ان کی کہانیوں کے بارے میں کہا تھا کہ اگر کوئی قاسمی کی کہانیوں کے بارے میں مجھے ایک جملے میں بیان کرنے کو کہے تو میں کہوں گا کہ ان کی کہانیاں انسانیت اور فن کے اعلیٰ ترین اقدار کی کہانیاں ہیں۔

قاسمی صاحب کی کہانی کے میدان میں بڑی خدمت یہ ہے کہ قارئین کو پرمیشر سنگھ، بین، ہیروشیما سے پہلے، ہیروشیما کے بعد، الحمدللہ، رئیس خانہ، لارنس آف تھلیبا، ثواب اور کنجری ایسی متعدد یادگار کہانیاں دیں لیکن اس کے باوجود آخر عمر تک ان میں یہ تڑپ اور دلی تمنا رہی کہ وہ اردو ادب کو اپنی بہترین تخلیق پیش کریں۔ مگر افسوس کی بات ہے کہ انھوں نے کبھی ناول لکھنے کی جانب توجہ نہیں دی حالانکہ ان سے کئی بار اس کی فرمائش بھی کی گئی تھی مگر اب کوئی ڈیڑھ دو سال پہلے انھیں اپنے پرانے کاغذات میں خستہ حالت میں ایک ناولٹ کا پرانا مسودہ مل گیا تھا جو دوسری جنگِ عظیم سے متعلق ہے جب پنجاب سے رنگروٹوں کی ادھر ادھر بھرتی ہو رہی تھی۔ یہ ناول جنگ کے دور سے شروع ہو کر قیام پاکستان کی تحریک تک کے حالات پر محیط ہے اور اب یہ "ایک ریوڑ۔۔۔ ایک انبوہ" کے عنوان سے فنون میں قسط وار شائع ہو رہا تھا۔

افسانے کی طرح شاعری میں بھی ان کا مقام و مرتبہ بہت بلند رہا ہے۔ ان کی شاعری کے اعلیٰ و بلند معیار کی سب نے تعریف کی ہے۔ جوش ملیح آبادی جیسا شاعر جو بہت کم ہی کسی کی تعریف کرتا ہے، وہ بھی ان کی شاعری کے بے انتہا معترف تھے اور ان کا کہنا تھا کہ شاعری و انسانیت کے پیمبرانہ معیار پر نگاہ کر کے جب قاسمی صاحب کی جانب نظر اٹھاتا ہوں تو بلاخوف ابطال یہ نعرہ لگاتا ہوں کہ قاسمی حقیقی شاعر اور، انسانیت و شعریت کا ایک ایسا دل کشا سنگم ہے جس کا اور چھور نہیں مل سکتا۔

قاسمی صاحب کی شاعری کی ابتدا 1931 میں ہوئی تھی جب مولانا محمد علی جوہر کے انتقال پر ان کی پہلی نظم روزنامہ "سیاست" لاہور کے سرورق پر شائع ہوئی اور یہ ان کے لیے بہت بڑا اعزاز تھا۔ یہی نہیں بعد میں بھی 1934 اور 1937 کے دوران ان کی متعدد نظمیں روزنامہ "انقلاب" لاہور اور "زمیندار" لاہور کے سرورق پر شائع ہوتی رہیں اور اس سے انھیں عالم نوجوانی میں ہی غیر معمولی شہرت حاصل ہوئی۔

ابتدا میں قاسمی صاحب نے بھی عام شاعروں کی طرح رومانی انداز و اسلوب اپنایا لیکن اس میں بتدریج تبدیلیاں رونما ہوتی رہیں اور بالآخر وہ ارتقائی منازل طے کرتے ہوئے اس مقام تک جا پہنچے جہاں ان کی شاعری نے حقیقت پسندی کا نظریہ اپنا

لیااور وہ انسانیت دوستی اور سماجی مساوات وانصاف کی علمبردار بن گئی اور ساتھ ہی اس میں وسعت اور گہرائی بھی در آئی۔
ان میں ایک خوبی یہ بھی تھی کہ وہ اچھے شاعر کے ساتھ ساتھ اچھے انسان بھی تھے۔ انھوں نے انسان دوستی اور امن و آشتی کا دامن کبھی نہیں چھوڑا۔ وہ اپنی شاعری میں نئی زندگی اور نئے نظام کے اقدار کی باتیں کرتے تھے اور اس دھرتی پر نئے آدم کے آنے کے زندگی بھر منتظر رہے جس سے ان کی بڑی امیدیں وابستہ تھیں۔ وہ نیا آدم جو انسانیت کا پیکر ہوگا اور جس کی آمد سے پیار، امن اور انسان دوستی کے چراغ جگمگا اٹھیں گے اور یہ دھرتی امن کا گہوارہ بن جائے گی۔ ان کی شاعری میں زندگی رواں دواں اور رقصاں محسوس ہوتی ہے کیونکہ وہ حرکت ہی میں زندگی کا حسن پنہاں دیکھتے تھے۔

دیگر نثری اصناف میں بھی انھوں نے اپنے قلم کی جولانیاں دکھائی ہیں اور کئی یادگار کتابیں چھوڑ گئے ہیں۔ انھوں نے تحقیق و تنقید کے میدان میں "تہذیب و فن"، " ادب اور تعلیم کے رشتے" اور "علامہ محمد اقبال" جیسی کتابیں پیش کیں۔ اس کے علاوہ انھوں نے اپنے ادیب ساتھیوں کے بارے میں اپنی یادیں "میرے ہم سفر" کے نام سے قلمبند کیں جن سے ہمارے عہد کے بہت سے شعرا وادبا کی زندگی کے کئی عجیب وغریب پہلوؤں سے واقفیت حاصل ہوتی ہے۔

علاوہ ازیں انھوں نے میدان صحافت میں بھی نمایاں کردار نبھایا ہے اور اس میدان میں بھی ان کی خدمات کبھی نظرانداز نہیں کی جاسکیں گی۔ انھوں نے اپنے صحافتی سفر کی ابتدا اپنے دور کے مشہور ماہنامے "ادب لطیف" کی ادارت سے کی۔ بعدازاں وہ "نقوش"، "سویرا"، "سحر" اور روزنامہ "امروز" جیسے موقر اخبارات وجرائد سے منسلک رہے اور 1963 میں انھوں نے اپنا نجی جریدہ "فنون" نکالنا شروع کیا جس کے 140 شمارے ان کی زندگی میں شائع ہو چکے تھے اور جسے برصغیر کے جریدوں میں ایک اہم مقام حاصل رہا ہے۔ اس کے علاوہ انھوں نے اردو کے متعدد روزناموں کے لیے فکاہیہ کالم بھی لکھے جنھیں قارئین نے بے حد پسند کیا۔ ان میں ان کے یادگار فکاہیہ کالم حرف وحکایت (امروز) پنج دریا (ہلالِ پاکستان)، موج در موج (احسان لاہور) لاہور۔۔۔ لاہور ہے (روزنامہ جنگ کراچی) لاہوریات (روزنامہ حریت کراچی) وغیرہ شامل ہیں۔ اپنی طویل صحافتی زندگی میں انھیں کئی بار نظریاتی معرکہ آرائیوں سے بھی واسطہ پڑا مگر وہ اپنے مخالفین کی باتوں کا جواب بڑے تحمل واعتدال سے دیتے رہے، اور انھوں نے کبھی بھی اپنے معترضین کی طرح شدت اور انتہا پسندی کا راستہ اختیار نہیں کیا۔

بلاشبہ قاسمی صاحب کے انتقال سے ہم ایک ایسی ہشت پہلو شخصیت سے محروم ہوگئے ہیں جو پون صدی تک میدان ادب میں سرگرمِ عمل رہی۔ وہ ممتاز افسانہ نگار، غزل اور نظم دونوں پر دسترس رکھنے والے نامور شاعر، موقر اخبارات و جرائد کے کامیاب مدیر، فکاہیہ کالم نویس کے ساتھ ساتھ ریڈیو، ٹیلی ویژن اور فلم کے میدان میں اپنی تخلیقات کو متواتر پیش کرنے والے واحد سرگرم ادیب تھے۔ انھوں نے شہرت کی ایسی بلندیوں کو چھوا جو بہت کم ادبا و شعرا کو نصیب ہوئی ہے۔
انھوں نے اپنی گراں قدر ادبی خدمات سے جو انمٹ نشان چھوڑے ہیں وہ کبھی مٹ نہ سکیں گے اور اردو شعر وادب کی تاریخ ان کے ذکرِ خیر کے بغیر کبھی مکمل نہیں ہوسکے گی۔ ***　　(شکر: اردو دنیا، ستمبر 2006)

F-14/21 (D) Krishan Nagar Delhi-110051

احمد ندیم قاسمی

ڈاکٹر فیروز عالم

معاون مدیر اردو دنیا

بیسویں صدی کے اردو ادب کی کوئی تاریخ ایسی نہیں لکھی جاسکتی جس کا ایک پورا باب احمد ندیم قاسمی کے فکر و فن کے گوناگوں پہلوؤں کے بیان کے لیے وقف نہ ہو۔ ان کی پہلی محبت شاعری تھی، پھر وہ افسانہ نگاری کی طرف مائل ہوئے اور ان دونوں اصناف میں انھوں نے اپنی انفرادی شناخت قائم کی۔ صحافت ان کا تیسرا وسیلۂ اظہار تھی جو ان کا ذریعۂ معاش بھی بنی۔ ان کے خاندانی پس منظر کی تشکیل خانقاہی روایات کے زیر اثر ہوئی تھی جس نے ان میں ایک خوئے استغنا پیدا کر دی تھی جو آخر تک ان کے ساتھ رہی۔ قاسمی صاحب نے طویل عمر پائی اور لگ بھگ نوّے سال کی عمر میں انھوں نے پچاس سے کچھ اوپر کتابیں تصنیف کیں۔

قاسمی صاحب کی ابتدائی زندگی کافی مشکلات بھری تھی۔ جب وہ اپنے آبائی گاؤں کو خیر باد کہہ کر لاہور پہنچے تو ان کی گزر بسر کا کوئی سہارا نہ تھا۔ کئی بار فاقہ کشی کی بھی نوبت آگئی لیکن ان کی غیرت نے کسی کو اپنے احوال سے باخبر کرنے سے انھیں باز رکھا۔ انھی دنوں ان کی ملاقات اختر شیرانی سے ہوئی۔ وہ انھیں بے حد عزیز رکھنے لگے اور ان کی کافی حوصلہ افزائی بھی کی۔ قاسمی صاحب اختر شیرانی کی شاعری کے گرویدہ تو پہلے ہی سے تھے ان کے مشفقانہ رویے نے قاسمی صاحب کو ان سے شخصی طور پر بھی بہت قریب کر دیا۔ اختر شیرانی رند بلانوش تھے لیکن ان کے ساتھ خاصا وقت گزارنے کے باوجود قاسمی صاحب نے کبھی شراب کو ہاتھ نہیں لگایا اور نہ ان کی طبیعت میں لاابالی پن آیا۔ اس سے ان کے مزاج کی استقامت اور اپنے آپ پر قابو رکھنے کی ان کی غیر معمولی صلاحیت کا اندازہ ہوتا ہے۔ اختر شیرانی کی شاعری اور شخصیت سے قاسمی صاحب کا لگاؤ آخر تک رہا۔

انھی دنوں احمد ندیم قاسمی کی ملاقات امتیاز علی تاج سے ہوئی جنھوں نے انھیں اپنے ماہانہ رسالے ''پھول'' کی ادارت کی پیش کش کی جو انھوں نے قبول کر لی۔ ''پھول'' بچوں کا رسالہ تھا۔ اس کی ایک سالہ ادارت کے زمانے میں قاسمی صاحب نے بچوں کے لیے بہت سی نظمیں لکھیں جو بچوں میں بہت پسند کی گئیں پھر ان کا تقرر بطور اکسائز سب انسپکٹر ہو گیا لیکن اس ملازمت کی مصروفیتیں ان کے مزاج سے مناسبت نہیں رکھتی تھیں لہٰذا انھوں نے جلد ہی اسے خیر باد کہہ دیا اور ہمیشہ کے لیے ادب و صحافت سے وابستگی اختیار کر لی۔ قاسمی صاحب کی صحافتی زندگی کے دوسرے دور کا آغاز خواتین کے رسالے ''تہذیب نسواں'' سے ہوا۔ اس کے بعد انھوں نے ''ادب لطیف''، '' سویرا'' اور ''نقوش'' جیسے مقتدر ادبی رسائل کی ادارتی ذمہ داریاں بڑی کامیابی کے ساتھ نبھائیں۔ جب انھوں نے اپنا ذاتی رسالہ ''فنون'' جاری کیا تو یہ تجربات ان کے بڑے کام آئے اور اس رسالے نے بہت جلد اردو کی ادبی صحافت میں اپنے لیے ایک امتیازی مقام حاصل کر لیا۔

1936 میں انجمن ترقی پسند مصنفین کے قیام کے بعد قاسمی صاحب نے اس انجمن سے وابستگی اختیار کر لی تھی۔ وہ انجمن کے سکریٹری بھی رہے لیکن آگے چل کر جب انجمن نظریاتی تشدد پسندی کا شکار ہوئی تو قاسمی صاحب نے اس کی سرگرمیوں سے کنارہ کشی اختیار کر لی۔ وہ ادب کو سیاست سے بے نیاز رکھنے کے قائل نہیں تھے لیکن ایک سچے ادیب کی طرح ادب پر سیاست کی بالادستی انھیں قبول نہ تھی۔ ''فنون'' جس کا اجرا انھوں نے 1963 میں کیا، ادب کے سنجیدہ قارئین میں اس کی روز افزوں مقبولیت کا سبب یہی تھا کہ اس میں انھوں نے تمام اچھے لکھنے والوں کی تخلیقات کو جگہ دی۔ خواہ وہ کسی مکتبۂ فکر کے ہوں اور خواہ ان کا تعلق پرانی نسل سے ہو یا نئی نسل سے۔ انھوں نے رسالے کے ذریعے بہت سے نئے لوگوں کو متعارف کرایا جو آج مستند شاعر یا ادیب سمجھے جاتے ہیں۔

قاسمی صاحب کے ہم عصروں کی صف میں اگر ایک طرف سعادت حسن منٹو، راجندر سنگھ بیدی، کرشن چندر، عصمت چغتائی اور غلام عباس جیسے افسانہ نگار تھے تو دوسری طرف شاعروں میں میراجی، ن۔ م۔ راشد، فیض احمد فیض اور علی سردار جعفری جیسے شاعر۔ قاسمی صاحب نے ان دیو قامت قلم کاروں کے درمیان بطور افسانہ نگار بھی اور بحیثیت شاعر بھی اپنی پہچان قائم کی، یہ کوئی معمولی کارنامہ نہیں ہے۔

قاسمی صاحب اب ہمارے درمیان نہیں ہیں لیکن وہ اپنے فکر و فن کا اثاثہ ایک قیمتی ورثے کی شکل میں ہمارے لیے چھوڑ گئے ہیں جس کی حفاظت ہمارا ادبی فریضہ ہے۔

تشکر: اردو دنیا ستمبر 2006ء

***

احمد ندیم قاسمی

شاہد اسلم

ادب کو وقار و اعتبار بخشنے والی مقتدر ترین شخصیت احمد ندیم قاسمی اب ہمارے درمیان نہیں رہے، البتہ ان کی نگارشات یقیناً اردو ادب اور صحافت کو اعتبار بخشنے میں معاون اور مددگار ثابت ہوں گی۔ قاسمی صاحب کا تعلق اردو کے اس قبیلے سے تھا جس نے ترقی پسندی کی ابتدا سے لے کر مابعد جدیدیت تک کا سفر پورے سلیقے اور شان سے کیا اور عصری حسیت سے ہم آہنگی کے ذریعے ادب و صحافت سے قاری کے رشتے کو مستقل استوار کرتے رہنے کو ترجیح دی۔ احمد ندیم قاسمی اردو ادب کا ایسا منفرد نام ہے جسے سرحدوں کے حصار میں قید کرنے کی ہر کوشش ناکام رہی اور بین الاقوامی اردو برادری نے ان کی عظمت و اہمیت کا خندہ پیشانی کے ساتھ نہ صرف اعتراف کیا بلکہ برصغیر میں ان کی حیثیت کو ایک کہنہ مشق شاعر، بزرگ ادیب اور بے باک صحافی کے طور پر شمار میں لایا جاتا رہا۔ کہا جا سکتا ہے کہ احمد ندیم قاسمی وادیِ ادب اور میدان صحافت دونوں شعبوں میں کامیاب ترین زندگی گزارنے والی چند ایک ممتاز ہستیوں میں سے ایک تھے، ورنہ صحافت اور ادب کے مابین اس وقت جو سرد جنگ کا ماحول پیدا ہو چلا ہے اس میں صاحبان قلم نے تو گویا ان دو شعبوں میں سے کسی ایک کو ہی اپنی جنبش تحریر کے لیے مختص کر لیا ہے۔ بلا اختصاص یہ ملکہ احمد ندیم قاسمی کو حاصل تھا کہ وہ جس طرح مختلف اصناف ادب پر عبور کامل رکھتے ہوئے ادبی تقاضے کو خوش اسلوبی کے ساتھ برتنے کا ہنر جانتے تھے، اس نہج پر انھوں نے وادی صحافت کو بھی اپنی جرأت مندانہ تحریروں کے ذریعے زرخیزی عطا کی۔

20 نومبر 1916 کو پنجاب کے ایک دور افتادہ علاقے میں پیدا ہونے والے احمد ندیم قاسمی کا ادبی سفر اس وقت شروع ہوا جب برصغیر میں ترقی پسند تحریک ایام طفولیت سے دوچار تھی اور اسے بلوغت سے ہمکنار کرنے کے لیے ادب نوازوں کا ایک بڑا حلقہ فکری اور تخیلاتی دور سے ہی گزر رہا تھا۔ خواہ پریم چند جیسا سرمایہ کار مخالف صاحب قلم ہو یا فیض جیسا غموں کو پینے والا شاعر، ہر کوئی ترقی پسند فکر کو برتنے کے حوالے سے پس و پیش سے ہی کام لے رہا تھا۔ ایسے عہد میں احمد ندیم قاسمی نے سجاد ظہیر، علی سردار جعفری، خواجہ احمد عباس، معین احسن جذبی، فیض احمد فیض اور مجروح سلطان پوری جیسے نقیبوں کے تعاون سے سالاری اور سپہ سالاری کا فریضہ انجام دیتے ہوئے اس فکر کو تحریک کی شکل دینے کی شعوری

کوشش کی جس کے نتیجے میں ہی حقیقتاً ترقی پسندی کو اردو ادب میں، تحریک کا درجہ حاصل ہوا۔ یہ بات دیگر ہے کہ بعد کو انھوں نے اس تحریکی مشن سے عملًا لاتعلقی اختیار کر لی اور جب ترقی پسند تحریک زوال پذیر ہو گئی تو انھوں نے جدیدیت سے رشتہ استوار کر لیا۔ گویا احمد ندیم قاسمی نے ادب میں عصری حسیت سے بیش از بیش کام لیتے ہوئے اپنی فکر کو ارتقائی صورت بخشنا لازمی گردانا۔ احمد ندیم قاسمی کے تعلق سے حالانکہ یہ بات تقریباً پوشیدہ ہے کہ انھوں نے خاموشی کے ساتھ، تحریک سے علاحدگی کیوں اختیار کی؟ تاہم ابھی حال ہی میں انھوں نے اپنی ایک تحریر میں ترقی پسند تحریک سے وابستہ چند ایک ہم عصروں سے جس ناراضگی کا اظہار کیا اس سے بخوبی یہ اندازہ ہوتا ہے کہ موصوف بطور خاص فیض سے اس وجہ سے نالاں تھے کیونکہ فیض نے ان کو اس طرح سے متعارف نہیں کرایا جس کے وہ مستحق تھے۔

احمد ندیم قاسمی کا سرمایۂ ادب خاصا ضخیم ہے جس سے یہ اندازہ ہوتا ہے کہ انھوں نے اپنی زندگی گویا ادب وصحافت کے لیے وقف کی ہوئی تھی۔ انھوں نے مختلف ادب پاروں کی ادارت کا بھی بحسن وخوبی فریضہ انجام دیا۔ یہ موقع اس بات کا نہیں کہ یہاں ترقی پسند تحریک کے آخری سالار احمد ندیم قاسمی کی ادبی وصحافتی زندگی کے جملہ خدمات کا احاطہ کیا جائے کیونکہ موصوف نے اپنی زندگی کو کچھ اس طرح ان دونوں شعبوں سے وابستہ کر رکھا تھا کہ ان کی مکمل تفصیل پر خامہ فرسائی کسی ایک اور مختصر مضمون میں ممکن نہیں۔ زندگی کے بیشتر ایام انھوں نے مختلف اصناف ادب پر طبع آزمائی میں گزارنے کے ساتھ ہی ساتھ وادیِ صحافت میں بھی خوب خوب اپنے جوہر دکھائے۔ ان کا تعلق چونکہ مغربی پنجاب سے تھا للٰذا تقسیم ہند کے بعد بھی انھوں نے پاکستان میں ہی باقی ماندہ زندگی گزارنے کو ترجیح دی۔

یہ صحیح ہے کہ احمد ندیم قاسمی اعلیٰ پائے کے صاحب قلم تھے اور ان کی نگارشات میں پائی جانے والی فکری پختگی اس بات کو ثابت کرنے کے لیے کافی ہے لیکن اس کے ساتھ ہی انھیں صحافت کا جو بے پناہ تجربہ تھا اور اسے پاکستان کے سیاسی حالات کو ذہن میں رکھتے ہوئے انھوں نے جس طرح برتا اس کی نظیر کم ہی ملتی ہے۔

احمد ندیم قاسمی کو جہاں ایک طرف مختلف شعری اصناف پر دسترس حاصل تھی وہیں دوسری جانب انھوں نے ایک کامیاب مدیر کی حیثیت سے بھی اپنا خاصا وقت گزارا۔ کئی برسوں تک ''ادب لطیف'' کے مدیر رہے، جب کہ 1947 میں ''سویرا'' کے چند ابتدائی شماروں کے مدیر کے طور پر بھی انھوں نے کام کیا۔ جب محمد طفیل نے ''نقوش'' کا اجرا کیا تو احمد ندیم قاسمی اس کے مدیر بنے تاہم جلد ہی وہ اس سے الگ ہو گئے۔ 1963 میں انھوں نے اپنے ادبی رسالہ ''فنون'' کا اجرا کیا جو اب تک شائع ہو رہا ہے۔ احمد ندیم قاسمی نے غزل اور نظم دونوں صنفوں میں شاعری کی۔ وہ کچھ عرصہ امتیاز علی تاج کے رسالے ''پھول'' اور ''تہذیب نسواں'' سے وابستہ رہے اور بعد میں ترقی پسند اردو اخبار ''امروز'' کے لیے فکاہیہ کالم لکھتے رہے۔ کالم نگاری میں وہ عبدالمجید سالک کو اپنا استاد مانتے تھے۔ احمد ندیم قاسمی کا کالم ''پنج دریا'' کے عنوان سے طویل عرصہ تک امروز میں شائع ہوتا رہا۔ بعد میں وہ اس اخبار کے مدیر بھی مقرر ہو گئے لیکن جب 1959 میں اس ادارے کو جنرل

ایوب خاں نے سرکاری انتظام میں لیا تو وہ اس سے الگ ہو گئے۔ تاہم اس کے لیے "عنقا" کے نام سے کالم لکھتے رہے۔ "امروز" کے بعد احمد ندیم قاسمی روزنامہ "جنگ" اور بعد میں کراچی سے نکلنے والے روزنامہ "حریت" میں بھی کالم لکھتے رہے۔ ان دنوں وہ روزنامہ "جنگ" سے کسی حد تک وابستہ تھے۔ وہ 32 سال لاہور میں ادبی ادارہ مجلس ترقی ادب کے ڈائرکٹر کے عہدۂ جلیلہ پر بھی فائز رہے۔

احمد ندیم قاسمی نے 1937 سے شاعری اور افسانہ نگاری شروع کی اور ان دونوں اصناف سخن کے تقاضوں کو بخوبی نبھایا۔ وہ 1949 میں مختصر مدت کے لیے انجمن ترقی پسند مصنفین کے جنرل سکریٹری بھی بنائے گئے۔ 1951 میں موصوف پبلک سیفٹی ایکٹ کے تحت نظر بند کیے گئے۔ 1954 میں انھوں نے انجمن کے عہدے سے استعفیٰ دے دیا۔ بعد ازاں وہ انجمن ترقی پسند مصنفین سے بھی الگ ہو گئے۔

ایک بار نہیں متعدد مرتبہ احمد ندیم قاسمی سے پاکستانی روزنامہ "جنگ" کی وساطت سے راقم کو رابطے کا موقع ملا۔ دراصل ان کی کئی ایسی تحریریں باصرہ نواز ہوئیں جو پاکستانی ارباب اقتدار کی نظروں میں یقیناً قابل گرفت گردانی جاسکتی تھیں۔ چنانچہ جب انھیں ان کی اس بے باکی پر مبارکباد دینے کا موقع ملا تو مجھے حیرت اس بات کی ہوئی کہ انھوں نے نہ صرف یہ کہ خندہ پیشانی کے ساتھ میرے مراسلے کا جواب عنایت کیا بلکہ انھوں نے صحافتی تقدس کے حوالے سے بڑی مفید اور کارآمد مشوروں سے بھی نوازا۔

احمد ندیم قاسمی کا رخصت ہونا یقیناً جس قدر ادب نوازوں کے لیے باعث صدمہ ہے، اس سے کہیں زیادہ آہنی عزم کے حامل صحافی برادری کے لیے ان کی موت صدمۂ عظیم کا درجہ رکھتی ہے۔ اللہ انھیں غریق رحمت کرے۔

بشکریہ روزنامہ "اعتماد" حیدرآباد، 17 جولائی (2006) اور اردو دنیا ستمبر 2006ء

***

احمد ندیم قاسمی بحیثیت افسانہ نگار

راشد انور راشد

احمد ندیم قاسمی کا افسانہ ''رئیس خانہ'' ان کی غیر معمولی فن کارانہ صلاحیت کی نمائندہ مثال ہے۔ قاسمی کے فن کے بنیادی خصائص یعنی فطرت، معیشت اور محبت اس افسانے میں بھی کلیدی کردار ادا کرتے ہیں۔ افسانے کو پڑھ کر پہلا تاثر ذہن میں یوں نقش ہوتا ہے کہ معیشت کے مختلف پہلوؤں کو سمیٹتے ہوئے افسانہ نگار نے غربت اور استحصال کی ایک ایسی داستان رقم کی ہے جو چند لمحوں کے لیے ہمیں اپنی داستان محسوس ہوتی ہے اور جس کے مختلف کردار ہمارے اندر سرگوشیاں کرتے ہوئے معلوم ہوتے ہیں۔ افسانے میں تفہیم کی ایک اور جہت، محبت اور رومان کے تصور سے وابستہ قرار دی جا سکتی ہے۔ افسانے میں محبت کے بدلتے ہوئے رنگ اس افسانے کو دوسرے رومانوی افسانوں سے ممیز کرتے ہیں۔

افسانہ نگار نے قصے کی بنت میں غضب کی ہنر مندی کا مظاہرہ کیا ہے۔ یہی وجہ ہے کہ افسانے کے ہر جملے میں قاری کو اپنے دل کی دھڑکنیں سنائی دیتی ہیں اور وہ مطالعے کے دوران خود احتسابی کے مرحلے سے بھی دوچار ہوتا ہے۔ اس افسانے میں قاسمی نے جس دنیا کی تخلیق کی ہے وہ دنیا اپنی تمام تر خوبیوں اور خامیوں کے ساتھ ہماری نگاہوں میں متحرک ہو اٹھتی ہے۔ اس کے شب و روز ہمیں اپنی پناہوں میں لے کر ایک خاص نوع کی دردمندی کا احساس دلاتے ہیں اور قصے کی ابتدا اور وسط کے ہوتے ہوئے ہم اختتام سے قبل، جب نقطۂ عروج تک پہنچتے ہیں تو حیرت اور استعجاب کی ملی جلی کیفیتوں سے دوچار ہوتے ہیں۔ کہانی میں راوی کی حیثیت سے افسانہ نگار نے اپنا مقصد حیات بھی واضح کیا ہے جو کہ دبے کچلے کرداروں کی ہمدردی سے وابستہ ہے اور اس ضمن میں یہ نقطۂ نظر، ترقی پسند افکار کی ہی ترجمانی کرتا ہے۔

قاسمی نے افسانے کی ابتدا میں ''رئیس خانہ'' کا تعارف یوں پیش کیا ہے۔

''خاکستری رنگ کے پتھروں کی اس عمارت کو بڑے لوگ مسافر خانہ اور چھوٹے لوگ رئیس خانہ کہتے تھے۔ شاید اس لیے کہ بڑے لوگوں کے لیے ڈاک بنگلہ موجود تھا اور چھوٹے لوگ سرائے میں ٹھہرتے تھے، جہاں صبح اور شام کو وہ بھٹیارے کے پاس تنور کے ارد گرد بیٹھ کر موٹی موٹی روٹیوں پر دال کی ڈھریاں لگا کر کھاتے۔ رئیس خانے کے چوکیدار کی بیوی

مریاں اور ڈاک بنگلے کے مالی کی بہن بہشتو کے حسن کا مقابلہ کرتے اور چٹخارے بھرتے اور لگے ہاتھوں ایک نظر بھٹیارے کی بیوی پر بھی دوڑا لیتے۔"

ان ابتدائی چند جملوں میں افسانہ نگار، ایک جانب رئیس خانے کا تعارف قاری سے کراتا ہے تو دوسری طرف ایک مخصوص ماحول اور فضا کی تصویر کشی کے ساتھ ہی افسانے کے اہم کرداروں سے بھی تعارف کراتا ہے۔ اس تعارف میں کرداروں کے مخصوص خصائص بھی ہمارے سامنے اجاگر ہوتے چلے جاتے ہیں۔ مریاں اور بہشتو کے حسن کا ذکر، قاری کے لیے یہ اشارہ بھی فراہم کرتا ہے کہ افسانے میں آگے چل کر ان دونوں کی خوبصورتی اور کشش کے مختلف پہلوؤں کو نمایاں کرنے کی کوشش کی گئی ہوگی۔ ذیل میں یہ اقتباس ملاحظہ کریں۔

"رئیس خانے کا یہ عالم تھا کہ وہاں رئیس آتے ہی نہ تھے۔ لے دے کے کبھی کبھی شکاری نوجوانوں کی کوئی ٹولی ہرن کی تلاش میں یہاں آنکلتی تو رئیس خانہ میں رک جاتی۔ اس روز فضلو چوکیدار بڑی امیدوں سے چھت کے جالے اتارتا۔ برآمدے کے گوشوں میں پڑی ہوئی پتاور کو باہر پھینکتا اور اکلوتے گلدان کے بدبودار پانی اور جلے ہوئے پھولوں کو گرا کر ڈاک بنگلے کے مالی کے نئے پھول مانگ لاتا۔"

مذکورہ بالا اقتباس رئیس خانہ کی اجمالی تصویر کو بڑی خوبصورتی کے ساتھ نمایاں کرتا ہے۔ افسانہ نگار بڑے سلیقے سے افسانے کے دوسرے اہم کردار فضلو سے بھی ہمیں متعارف کراتا ہے، جو کہ رئیس خانہ کا چوکیدار ہے اور مریاں کا شوہر۔ مریاں اور فضلو کے کردار کو افسانہ نگار نے بڑی مشقت کے ساتھ فطری انداز میں خلق کیا ہے۔ یہ دونوں افسانے کے مرکزی کردار ہیں اور اپنی انفرادی خصوصیات کی بنا پر قاری کے ذہن میں ایک خاص قسم کا نقش قائم کرنے میں پوری طرح کامیاب ہیں۔ یہ بات بات میں جھگڑتے ہیں، ایک دوسرے کو بھدی گالیاں دیتے ہیں۔ لیکن اگلے ہی پل ان کا انوکھا پیار قاری کو ایک نئی کیفیت سے روشناس کراتا ہے۔ "فضلو نے میریاں کی طرف دیکھا۔ اس کی آنکھیں خشک ہو رہی تھیں، سوج رہی تھیں اور تھکی ہوئی تھیں، لیکن ان میں غم و غصہ نہیں بلکہ پیار کی روشنی تھی۔

"آؤ من جائیں"۔۔۔ وہ بولی "دایاں ہاتھ ادھر لاؤ" فضلو اطمینان سے مسکرایا اور اپنا دایاں ہاتھ اس کے ہاتھ پر رکھ دیا۔۔۔ مریاں ہنس دی۔ اس نے بھی فضلو کی گالی کا جواب دینا کچھ ضروری نہ سمجھا وہ جھکی، اس کے ایک گال کو چوما اور پھر اپنا گال آگے کر دیا۔ فضلو نے پہلے تو اسے ہلکا سا طمانچہ مارا، پھر جب وہ سنجیدہ سی بن کر پلٹنے لگی تو فضلو نے اسے جکڑ لیا اور اتنے پیار کیے کہ باہر شیرو چائے پینا تک بھول گیا۔"

شیرو، مریاں اور فضلو کا چار سالہ بیٹا ہے، جو صاحب لوگوں کی دی گئی بخششوں سے خوب خوب فیض یاب ہوتا ہے۔ پوری کہانی میں یہ ننھا کردار وقفے وقفے سے اپنی موجودگی کا احساس کراتا ہے۔ مریاں اور فضلو کا غصہ جب شدت اختیار کر لیتا ہے تو شیرو کی بدولت ہی ان کے غصے میں کمی آتی ہے۔

افسانے کے چند اہم کرداروں کا مختصر تعارف کرانے کے بعد افسانہ نگار سکیسر نام کی خوبصورت پہاڑی پر اپنی توجہ مرکوز کرتا ہے۔ یہ سکیسر وہی پہاڑی مقام ہے جہاں افسانہ نگار نے افسانہ " رئیس خانہ "کا تانا بانا بنا ہے اور جو کہ کوہستان نمک کی سب سے اونچی چوٹی پر واقع ہے۔ عام دنوں میں تو یہاں کی چوٹیوں اور شیشوں میں بکھرے ہوئے بنگلوں کی چمنیوں پر تو الو بولتے اور منڈیروں پر بلیاں لڑتیں۔ لیکن ساون کی پھواروں کے ساتھ ہی سکیسر کی خوبصورتی دیکھتے ہی بنتی۔ افسانہ نگار نے اس پہاڑی مقام کا نقشہ اس طرح کھینچا ہے۔

"بہار کا پہلا جھونکا درختوں کی سوکھی ہوئی شاخوں پر جگہ جگہ سبز رنگ کے دانے ٹانک جاتا اور چٹانوں کی دراڑوں تک سے نرم نرم گھاس پھوٹ پڑتی، جب نیچے وادی سے ہریالی کی مہک بلندی پر آتی اور بلندی کی ہریالی کی مہک نشیبوں میں اترتی اور وادی میں منتشر ہو جاتی اور نئے سورج کا سونا سکیر کے قدموں میں لیٹی ہوئی جھیل کی سطح پر آگ لگا دیتا اور پہاڑی ڈھلانوں سے چمٹے ہوئے کھیت دور دور تک لہلہا اٹھتے تو بنگلوں کی صفائی شروع ہو جاتی۔"

سکیسر کی سحر انگیز فضاؤں سے لطف اندوز ہوتے ہوئے قاری، مشرق میں پھیلی سون کی وادی اور اس کے حسین سبزہ زاروں میں خود کو موجود پاتا ہے اور جب افسانے کے تیسرے اہم کردار سے افسانہ نگار ہمارا تعارف کراتا ہے، تو پھر کہانی میں دلچسپی کے مزید عناصر پیدا ہونے لگتے ہیں۔ تیسرا کردار یوسف کا ہے جو ایک رئیس زادہ ہے اس کی بیوی مریم شادی کے ایک مہینے بعد ہی اسے دنیا میں تنہا چھوڑ کر چلی گئی، اور اب وہ اس کی جدائی میں ہر لمحہ پھوٹ پھوٹ کر روتا رہتا ہے اور اس کا غم بھلانے کی غرض سے ہی پچھلے سال کی طرح اس سال بھی سکیسر کی چوٹی پر آیا ہے۔ وہ فضلو کو اپنے غم میں شامل کرتے ہوئے اس سے یہ گزارش کرتا ہے کہ اگر ہر رات ایک عورت کا انتظام ہو جائے تو اس کے عوض میں وہ فضلو کے ساتھ عورت کو خاصی رقم دے گا۔ فضلو کے وہم و گمان میں بھی یہ نہ تھا کہ صاحب اس سے، ایسی باتیں کر سکتا ہے۔ چند لمحوں کے لیے اسے اپنے آپ سے گھن آنے لگتی ہے۔ وہ ایک کسان کا بیٹا تھا، غریب تھا، لیکن کمینہ اور کنجر نہیں تھا کہ اس کام کے لیے تیار ہو جاتا۔ اس کے شعور اور ضمیر میں جنگ ہوتی رہی، لیکن بالآخر اس کی اصول پسندی، غربت کے آگے دم توڑ گئی اور وہ صاحب کے لیے کام کرنے کو تیار ہو گیا۔ ہمت کر کے سب سے پہلے اس نے ڈاک بنگلے کے مالی کی بہن بہشتو کو صاحب کے ساتھ رات گزارنے کے لیے راضی کیا۔ لیکن صبح ہونے پر جب بہشتو نے اسے بتایا کہ صاحب نے اسے چھوا تک نہیں اور ساری رات محض پاگلوں کی طرح مستقل دیکھتا رہا تو فضلو کی حیرانی کا کوئی ٹھکانہ نہ تھا۔ اس لمحے صاحب، اس کی نظروں میں ولی کی صورت اختیار کر گیا۔ اس کے دل سے ایک بڑا بوجھ ہٹ گیا تھا۔ اس نے کوئی گناہ نہیں کیا تھا۔ بہشتو اور صاحب نے بھی کوئی گناہ نہیں کیا تھا۔ اس خیال سے اسے بہت راحت ملی۔ صاحب، محض عورت کو دیکھا کرتا ہے اور دیکھنے میں برائی بھی کیا ہے۔ دوسری رات کے لیے اس نے بھٹیارے کی بیوی اور تیسری شب وادی کی ایک غریب لڑکی کو اس کام کے لیے بہ آسانی راضی کر لیا اور جب ان دونوں نے بھی صبح ہونے پر فضلو کو یہی بتایا کہ صاحب رات بھر

انھیں صرف دیکھتا رہا اور ان کے جسم کو ہاتھ تک نہ لگایا تو فضلو کے دل کو مانو یک گونہ سکون حاصل ہو گیا۔ ساتھ ہی اپنی نادانی پر اسے پچھتاوا بھی ہوتا رہا کہ خواہ مخواہ تین سو روپے ضائع ہو گئے۔ صاحب جب عورتوں کو ساری رات محض دیکھتا ہے تو پھر اس کام کے لیے وہ کسی اور کی مدد کیوں لے ؟ اگر اس کی بیوی مریاں ہی اس کام کے لیے راضی ہو جائے تو سو روپے روز کی کمائی سے اچھی خاصی رقم جمع ہو جائے گی اور پھر الگ سے اسے بھی تو پیسے مل رہے ہیں۔ جلد ہی ان پیسوں سے زندگی کے مسائل حل ہونے لگیں گے۔ وہ ڈرتے ڈرتے مریاں کو اپنے اس ارادے سے آگاہ کرتا ہے۔ مریاں اس کی باتوں کو سن کر آگ بگولہ ہو جاتی ہے اور بھدی گالیوں کے ساتھ اسے خوب کوستی ہے لیکن جب طرح طرح کی قسمیں کھا کر فضلو اسے یقین دلاتا ہے کہ صاحب رات بھر عورت کو صرف دیکھنے کے پیسے دیتا ہے، کسی کو ہاتھ لگایا تو پھر فضلو کے ساتھ اس کا کوئی رشتہ باقی نہ رہے گا اور وہ اس کا گھر چھوڑ کر کہیں بھی چلی جانے کے لیے آزاد ہو گی۔ فضلو، خوشی خوشی اس کی یہ شرط مان لیتا ہے، لیکن صبح ہونے پر جب وہ مریاں کی خیریت دریافت کرنے رئیس خانے کی طرف جاتا ہے تو وادی میں تیزی کے ساتھ جاتی ہوئی ایک موٹر پر اس کی نظر پڑتی ہے جو کہ رئیس خانہ کے پہلو سے نکل کر وادی میں گم ہو گئی تھی۔ وہ سرپٹ رئیس خانہ کی طرف بھاگتا ہے اور دروازے کو گھونسوں سے کوٹ ڈالتا ہے۔ دروازہ مریاں کھولتی ہے اور وحشت کے عالم میں جو الفاظ اس کے منہ سے ادا ہوتے ہیں، وہ فضلو کو زندہ درگور کرنے کے لیے کافی ہیں۔۔۔

"آ پہنچے۔ "مریاں نے کہا" تم شرط ہار گئے ہو حرامزادے !اس کی آواز بھرا گئی۔۔۔ پھر وہ پھوٹ پھوٹ کر رونے لگی۔۔۔

"کمینے، ذلیل، وہ مجھے لوٹ گیا۔ اس نے مجھے جھنجھوڑ ڈالا۔ رات بھر وہ مجھ سے چمٹا رہا۔ اس نے مجھے نوچا، کھسوٹا، اس نے میرے گال چاٹ ڈالے۔۔ تم نے کہا تھا کہ وہ مجھے چھوئے گا ہی نہیں اور اس نے تو مجھے کاٹ کاٹ لیا ہے، وہ تو پچھلے ساون میں بھی میرے لیے ہی یہاں رکا رہا۔ اس نے تو پہلے ہی دن یہاں صحن میں مجھے دوربین سے دیکھ لیا تھا۔ وہ تو اب کے بھی میرے ہی لیے آیا تھا۔ سن رہے ہو حرامزادے۔۔۔"

مگر فضلو وہاں نہ تھا۔ وہ سر جھکائے کوٹھری کی طرف جا رہا تھا۔ مریاں اس کے پیچھے ہولی اور بولتی چلی گئی۔۔۔

"تم شرط ہار گئے، لیکن وہ سو روپے تم اپنے پاس رکھو۔ کہیں سے عزت، آبرو بکاؤ ملے تو چٹکی بھر خرید کر رکھ لینا، کیونکہ آج سے تم پرلے درجے کے بدذات، کمینے اور کنجر ہو گئے ہو۔ سمجھے۔۔۔ اور اب میں جا رہی ہوں۔ میں جہاں کہیں بھی جا رہی ہوں، تمھیں اس سے کوئی واسطہ نہیں۔ میں اب کسی کی نہیں رہی۔ تم نے میرا غرور توڑ دیا ہے۔ تم نے میرا سب کچھ لٹوا دیا ہے حرامزادے۔"

احمد ندیم قاسمی نے جس ڈرامائی انداز میں کہانی کا نقطۂ عروج بیان کیا ہے وہ ہمیں غیر فطری محسوس نہیں ہوتا۔ غربت کے آگے انسان کی اصول پسندی دھری کی دھری رہ جاتی ہے۔ پیسہ ہی اس کے لیے سب کچھ ہو جاتا ہے۔ ضمیر کی آواز وقفے وقفے سے ذہن میں کچوکے لگاتی ہے، لیکن وہ یہ کہہ کر اپنے ضمیر کو پس پشت ڈال دیتا ہے کہ روپیہ ہے تو عزت ہے، نیک

نامی ہے، صحت ہے۔ فضلو بھی اپنی غربت سے لاچار ہو کر پیسوں کی خاطر اپنی عزت کا سودا کرنے کے لیے تیار ہو جاتا ہے۔ وہ بہتر زندگی کے خواب دیکھتا ہے اور پیسے کی بدولت ان خوابوں کی تکمیل کا خواہش مند ہے۔ دراصل احمد ندیم قاسمی نے اس افسانے میں معیشت کو نمایاں پہلو کے طور پر پیش کیا ہے جو ان کے بیشتر افسانوں میں فنکاری کے ساتھ بیان ہوا ہے۔ معیشت کی حیثیت ان کے افسانوں میں ایک اہم ستون کی ہے۔ اسی ستون پر قصے کی عمارت کا دار و مدار ہوتا ہے۔

فطرت اور معیشت کے ساتھ ایک اور پہلو، احمد ندیم قاسمی کے افسانوں میں اپنی اہمیت کا احساس کراتا ہے اور وہ ہے محبت۔ افسانہ ''رئیس خانہ'' میں بھی زندگی کے اس اہم جزو کی پیشکش فن کاری کے ساتھ دیکھنے کو ملتی ہے۔ محبت کا جذبہ ہی فضلو اور مریاں کو اٹوٹ رشتے میں باندھے رکھتا ہے۔ وہ دونوں ایک دوسرے کو کوستے ہیں۔ برا بھلا کہتے ہیں، لیکن محبت کے بندھن سے اپنے آپ کو علاحدہ نہیں کر پاتے۔ محبت کی زیریں لہریں، ان کی رگوں میں لہو کے ساتھ گردش کرتی ہیں اور اس کا اظہار افسانے کے اختتام میں دیکھنے کو ملتا ہے۔ وہ مریاں جس پر وحشت سوار ہے، وہ فضلو کو چھوڑ کر جانے سے پہلے نفرت سے اس کے منہ پر زور کا طمانچہ مارتی ہے اور تیزی کے ساتھ وادی کی طرف بھاگنے لگتی ہے لیکن ایک موڑ پر محبت کے جذبے سے سرشار ہو کر وہ آخری مرتبہ اپنے بچے اور شوہر کو دیکھنے کے لیے پلٹتی ہے۔ شیرو کا گلا چیختے چیختے بیٹھ گیا تھا اور فضلو ایک طرف بے حس و حرکت پڑا تھا۔ کیچڑ اور لہو نے اس کے چہرے کو نہایت خوفناک بنا دیا تھا۔

''میرا فضلو۔'' اس نے فریاد کی۔ پھر اندر کوٹھری میں جا کر چراغ اٹھایا۔ شیرو بھاگ کر آیا اور اس کی ٹانگوں سے لپٹ گیا۔ وہ فضلو کے چہرے کو قریب لا کر اور اس کے پپوٹے اٹھا کر اس کی پتلیوں میں زندگی کے آثار ڈھونڈنے لگی۔

میرا فضلو، میرا مالک! میرا سائیں۔ اس کے بین چاروں طرف گونج اٹھے اور پھر یکایک تھم گئے۔ فضلو کی آنکھیں ذرا سی کھلیں۔ اس کا ایک ہاتھ آہستہ آہستہ اٹھا، مٹھی کھلی اور اس نے مٹھی میں دبے ہوئے سو روپے کے نوٹ کو چراغ کی لو سے جلاتے ہوئے کہا۔۔۔ ''میں تمھیں نہیں جانے دوں گا، تم مجھے چھوڑ کر نہ جاؤ، تم مجھے چھوڑ کر نہیں جا سکتیں۔۔۔ مجھے میری غریبی دھوکا دے گئی مریاں۔''

کہانی کا یہ اختتام۔ محبت کے جذبے کی بنا پر ہی ممکن ہو پایا ہے۔ اس انجام کے علاوہ افسانہ نگار کہانی میں کوئی اور موڑ شامل کرتا تو یہ افسانہ شاید فطری حسن سے محروم ہو جاتا۔ محبت کی زیریں لہروں کی بنا پر ہی کہانی ہر قدم پر قاری کو اپنی گرفت میں مقید رکھتی ہے اور اختتام میں محبت کا جذبہ ہی زندگی کو سہارا دیتا ہے۔

ڈاک بنگلے کے صاحب کا کردار ایک شاطر، عیار اور عیش و عشرت میں ڈوبے رئیس کا کردار ہے جو اپنے مقصد کے حصول کے لیے طرح طرح کی سازشیں رچتا ہے اور اس سلیقے کے ساتھ کہ کوئی بھی اس کے ارادے سے آگاہ نہیں ہو پاتا۔ پہاڑی مقام کی سیدھی سادی زندگی میں نت نئے موڑ اسی سازشی کردار کی بنا پر کرتے ہیں۔

افسانہ نگار نے کرداروں کی شخصیات کو ابھارنے کے دوران حسب حال مکالمے تخلیق کیے ہیں اور زبان و بیان کے ذریعے ان کی نفسیات کو خوبصورتی کے ساتھ اجاگر کرنے کی کوشش کی ہے۔ سب کچھ کہہ دینے کے بجائے وہ بہت کچھ صیغۂ راز میں رکھنا چاہتے ہیں تاکہ نفسیاتی اجمال اور شاعرانہ ایجاز قائم رہے۔

Department of Urdu

AMU Aligarh (U.P)

تشکر : اردو دنیا ستمبر 2006ء

***

احمد ندیم قاسمی کے افسانے

وہاب اعجاز خان

یوں تو احمد ندیم قاسمی مختلف اصناف ادب کی تحقیق اور تخلیق میں مصروف رہے جن میں نظم، غزل، افسانہ، کالم نویسی، بچو ں کی کتابیں، تراجم، تنقید اور ڈرامے وغیرہ شامل ہیں۔ لیکن زیر نظر مضمون میں صرف ان کے فنِ افسانہ نگاری پر بحث ہو گی۔ اگرچہ کوئی بھی ادبی تخلیقی شخصیت مختلف اصناف کی تخلیق میں اظہار اور موضوعات کے کچھ بنیادی رنگوں کو اہمیت دیتی ہے۔ تاہم ادب کی ایک آدھ صنف ہی ایسی ہوتی ہے جس میں صاحبِ تحریر اپنے تخلیقی یا نفسیاتی پس منظر کے حوالوں سے اظہار کی مناسب سہولت محسوس کرتا ہے۔ لیکن نثری ادب میں افسانہ ہی وہ واحد صنف ہے جس میں ندیم کا قلم جولانیِ طبع کے امکانات روشن کرتا ہے۔ انہوں افسانوں کے کئی مجموعے تخلیق کیے آیئے ان کے فن اور فکر کی خصوصیات کا جائزہ لیتے ہیں۔

پنجاب کی دیہاتی زندگی:۔

احمد ندیم قاسمی کو خصوصی طور پر پنجاب کی دیہاتی زندگی کا عکاس افسانہ نگار کہا جاتا ہے اور اس میں کوئی شک نہیں کہ دیہی پس منظر میں لکھے گئے ندیم کے افسانے ہمارے دیہاتی زندگی، وہاں کی طرز معاشرت، رہن سہن، طبقاتی نظام، معصومیت اور الھڑپن کے دلکش جیتے جاگتے مرقعے ہیں۔ اردو میں پنجاب کے دیہات کے پس منظر میں اس سے خوبصورت کہانیاں اور کسی نے نہیں لکھیں۔ شاید اس کی بنیادی وجہ ندیم کا شعور اور لاشعور ہے جس میں زندگی کے حوالے سے تمام بنیادی خدوخال دیہات ہی کے پس منظر سے متعلق ہیں۔ چونکہ ندیم کی پیدائش دیہات میں ہوئی اس کا بچپن اور لڑکپن گاؤں (انگہ) میں گزرا۔ یہیں اس کے کچے پکے جذبات پروان چڑھے، اسی مٹی کی مہک اُسے اپنی رگوں میں اترتی محسوس ہوئی۔ دیہات ہی کی سادگی کا بے ساختہ پن ندیم کے لب ولہجہ کی پہچان بنا اور یہی فضا ہے جس کی گرفت سے وہ دیہاتی سے شہری بن جانے کے باوجود باہر نہیں نکل سکا۔

زندگی اور معاشرے کا شعور :۔

دراصل جس زندگی سے افسانہ نگار کی واقفیت درست اور براہ راست ہو اسے اپنے تخیل میں خام مواد کے طور پر استعمال کرنا سونے پر سہاگے کے مترادف ہوتا ہے۔ یہاں ایک بات یہ بھی کہی جاسکتی ہے کہ ندیم نے ممکن ہے متوسط یا دیہات کی زندگی کا انتخاب یہ سوچ کر کیا ہو کہ متوسط یا زیادہ تر نچلے طبقوں کی زندگی میں جو زمین میں اپنی جڑیں مضبوط رکھتے ہیں اور مٹی سے جن کا ناتا بڑ بھرپور ہوتا ہے بنیادی انسانی محرکات کا مطالعہ جس بے ساختگی کے ساتھ کیا جاسکتا ہے اتنا شاید ان لوگوں کے حوالے سے ممکن نہ ہو جو اپنی فطرتِ انسانی کو مصنوعی تہذیب، معاشرت کا لبادہ پہنا دیتے ہیں اور یوں ان کا مصنوعی پن ان کے رہن سہن کے تمام بنیادی رویے مصنوعی بنا دیتا ہے۔ اگرچہ منافقت کے حوالے سے مختلف کرداروں پر لکھے گئے ندیم کے افسانوں کے بنیادی موضوعات وہ معاشرتی قدغنیں ہیں معاشی ناہمواریاں ہیں جو ہماری زندگی میں قدم قدم پر موجود ہیں اور بھیس بدل بدل کر ہمارا استحصال کرتی ہیں انہی کی وجہ سے ظلم وانتقام کی بے شمار شکلیں ہمارے سامنے آتی ہیں اور سیاست و مذہب کے ٹھیکیدار اپنے مفادات کی بقا کے لیے ایک دوسرے سے بڑھ کر ان فاصلوں کو ہوا دیتے رہتے ہیں۔

جنگ عظیم کے اثرات :۔

اسی طرح ان کے افسانوں کے موضوعات میں مقامی جنگوں کے علاوہ عالمی جنگیں بھی ہیں جن کی تباہ کاریوں کا نشانہ وہ ضرورت مند بنتے ہیں جن کے پیٹ روٹی مانگتے ہیں اور جن کے بدن لباس کو ترستے رہتے ہیں اور جو اپنی مادی ضروریات کے ہاتھوں مجبور ہو کر بخوشی غیر حکومت کے مقاصد کی تکمیل غیر محسوس طریقے سے کرتے ہیں ۔ اور یوں غیروں کی جنگ میں ایندھن کا کام دیتے ہیں۔ ندیم کے ایسے افسانوں میں خصوصیت کے ساتھ "ہیروشیما سے پہلے۔ ہیروشیما کے بعد" کا نام لیا جاسکتا ہے جو اردو کے بہترین اور بڑے افسانوں میں سے ایک ہے اور جس سے ہمیں یہ اندازہ بھی ہوتا ہے کہ جنگیں اپنے اختتام کے باوجود بھی ایسے کئی سماجی مسائل پیدا کر جاتی ہیں جن میں نہ انسانوں کی عزت و عصمت محفوظ رہتی ہے نہ خاندانوں کی عظمت و آبرو۔

وسعت نظر:۔

ادیب کا کام اپنے دور کی زندگی کی ترجمانی اپنے دور کے لیے ہی نہیں بلکہ ہر عہد کے لیے کرنا ہوتی ہے۔ افسانے ''ہیروشیما سے پہلے۔ ہیروشیما کے بعد'' میں ہیروشیما پر بم گرا کر جاپانیوں کو شکست دینا دوسری عالمگیر جنگ کا شدید ترین واقعہ تھا لیکن ندیم صرف اس واقعے کے حوالے سے نہیں بلکہ پوری جنگ کے پس منظر میں اس کا اثر پنجاب کے دیہات کی زندگی پر دکھاتا ہے۔ اس جنگ کی وجہ سے پنجاب کے گمنام سے گھرانے میں جو انقلاب آیا وہ ساری جنگ کی اشاراتی ترجمانی کرتا ہے۔ اس کی ہولناکیوں کا غماز ہے۔ معلوم ہوتا ہے جنگ کا ایک ایک لمحہ ایک ایک واقعہ گاؤں کی زندگی میں رچ بس گیا ہے اور صدیوں سے روایت کے ایک ہی محور پر زندگی گزارنے والا یہی معاشرہ کشمکش اور تذبذب کا شکار ہو گیا ہے۔ بے یقینی کی کیفیت لہجوں میں جنم لینے لگی ہے۔ ہیرو کا باپ گزرتے لمحوں سے فائدہ اٹھانے کی کوشش رکھنے والا، غربت کے حصار سے نکلنے کے خواب دیکھنے والا۔ ہیرو کی غیر موجودگی میں اپنے فطری تقاضوں سے شکست کھانے والی اور دوسرے مرد کے ساتھ بھاگ جانے والی ہیرو کی بیوی اور خود ہیرو وقت کے ساتھ انسان کی تذلیل اور برباد ہونے والی انسانیت کی ایک علامت۔

فسادات :۔

ندیم کے افسانوں کا ایک اہم موضوع وہ فسادات ہیں جو تقسیم ہند کے موقعے پر رونما ہوئے اور جن کے پس منظر میں ظلم، جبر، درندگی اور بربریت کی ایسی ایسی داستانیں پنہاں ہیں جن سے انسانیت کی تذلیل تکمیل تک پہنچی اور انسانی فطرت و ذہنیت کے انتہائی پست پہلو سامنے آئے۔ یہ موضوع ایسا ہے جس نے اردو افسانے کو ایک نئی جہت سے روشناس کرایا اور اردو کے تقریباً سبھی قد آور افسانہ نگاروں نے اس موضوع کو مثبت یا منفی حوالوں سے برتا۔ ندیم نے ان واقعات کے پس منظر میں جو افسانے لکھے وہ اس حوالے سے بڑے اہم ہیں کہ ان میں جانبداری نہیں برتی گئی۔ ندیم اس سچائی کا ادراک رکھتے ہیں کہ اچھے برے لوگ معاشرے کے تمام طبقوں میں ہوتے ہیں اور کوئی بھی قوم بہ حیثیت مجموعی ساری کی ساری ظالم یا مظلوم نہیں ہوتی۔ زیادہ تر انفرادی رویے ہوتے ہیں جن کے پس منظر میں انسان کی محرومیاں، ناکامیاں یا نفسیات کی کارفرمائی ہوتی ہے۔ اسی لیے ندیم نے اس حقیقت کے باوجود کہ اسے اپنی مٹی کی خوشبو عزیز ہے اسے اپنی پاکستانیت پر فخر ہے۔ فسادات کے حوالے سے افسانے لکھتے ہوئے چھوٹی چھوٹی جزئیات پیش کرنے میں اپنی جذباتیت کو غالب نہیں آنے دیا اور ایک بالغ النظر ادیب کے طور پر اپنے فرائض سے روگردانی نہیں کی۔

غیر جانبداری :۔

فسادات کے موضوع پر لکھتے ہوئے بہت سے اہل قلم صرف تصویر کا ایک رخ بیان کرتے ہیں۔ پاکستان سے تعلق رکھنے والوں نے غیر مسلموں کے ظلم و تشدد کو بڑھا چڑھا کر پیش کیا اور ہندوستان کے لکھاریوں نے مسلمانوں کو اس بربریت کا ذمے دار ٹھہرایا اور اس نکتہ نظر سے لکھے گئے بہت سے افسانے جانبداری اور رواداری کی گرد میں ہمیشہ کے لیے گم ہو گئے۔ تاہم منٹو کے بعد ندیم وہ اہم افسانہ نگار ہیں جس نے اپنے افسانوں میں یہ بات کہنے کی کوشش کی ہے کہ یہ حالات ہوتے ہیں جو کسی بھی قوم یا کسی بھی مذہب سے تعلق رکھنے والوں کو مطمئن یا مشتعل کر سکتے ہیں اور یہ کہ انسان دوستی کے عناصر آفاقی ہیں یہ صرف مسلمانوں، ہندوؤں، سکھوں، عیسائیوں تک محدود نہیں ہیں۔ اس سلسلے میں اُن کا افسانہ ’’پرمیشر سنگھ‘‘ بہت ہی اہم ہے۔

انسانی نفسیات سے آگاہی :۔

ندیم نے اپنے افسانوں میں قبائلی دور کے انسان کے انتقام اور رقابت کے اس موضوع کو بھی اپنی تحریروں میں شامل کیا ہے جو معمولی سے جھگڑے، نام نہاد انا پرستی یا جھوٹی غیرت کی بدولت انسانوں کو خاک و خون میں نہلا دینے کا پس منظر رکھتا ہے۔ لیکن یہاں بھی ندیم انسانی نفسیات سے آگاہی کا ثبوت دیتے ہوئے یہ بتانے کی کوشش کرتے ہیں کہ پتھر سے پتھر دل انسان میں بھی محبت اور رحم کے جذبات ضرور ہوتے ہیں اور کہیں نہ کہیں کبھی نہ کبھی غیر محسوس طریقے سے اپنا اظہار بھی کرتے ہیں۔ نیکی اور بدی کے جذبات انسانی کردار کی تکمیل کا ایک حوالہ ہیں۔ کوئی انسان مکمل طور پر نیک نہیں ہو سکتا اور کوئی انسان پوری طرح کمینہ نہیں ہوتا۔ انسان صرف انسا ہوتا ہے جس میں اچھائی اور برائی کے عناصر اپنی نسبت کے حوالے سے کم و بیش ہوتے رہتے ہیں اور شاید اسی سے انسان کی پہچان ممکن ہوتی ہے ورنہ تو وہ فرشتہ بن جائے یا پھر شیطان کہلائے۔ ندیم نے اس موضوع پر جو افسانے لکھے ہیں ان میں انسانی نفسیات سے آگہی اور بیان میں فنی گرفت کے تمام عوامل پوری طرح اپنی موزونیت کا احساس دلاتے ہیں اس ضمن میں ان کے مشہور افسانے ’’گنڈاسا‘‘ کی مثال دی جا سکتی ہے جس میں ندیم نے ایک بہت ہی نازک لیکن جمالیاتی، نفسیاتی حقیقت کی ترجمانی کی ہے۔

موضوعات کا تنوع :۔

زندگی کا ہر جذبہ ایک دوسرے سے زنجیر کی کڑیوں کی طرح ملا ہوا ہوتا ہے کوئی جذبہ اپنی ذات میں آکیلا نہیں ہوتا۔ پھول کی خوشبو میں مٹی کی مہک کے ساتھ ساتھ روشنی کی دھنک اور ہوا کی سرسراہٹ بھی شامل ہوتی ہے۔

ندیم ایسا فنکار ہے جس نے ان نازک جزئیات کو محسوس بھی کیا ہے اور ان کے فنکارانہ اظہار میں اپنے فنی قد و قامت کی بلندی کا ثبوت بھی بہم پہنچایا ہے۔ یہاں ایک اور اہم بات کی وضاحت از حد ضروری ہے کہ کسی بھی افسانہ نگار کے لیے وجہ امتیاز یہ نہیں ہے کہ اس کے یہاں موضوعاتِ زندگی کے تنوع میں سیاست، جمالیات، مذہب اور فلسفی موجود ہے یا نہیں۔ اہم بات یہ ہے کہ وہ ان کی موجودگی یا غیر موجودگی میں انسانی فکر نظر اور ادراک و تیقن کو کس حد تک وسعت دے سکتا ہے۔ اور اس کا نکتہ نظر میں کتنی انفرادیت، ہمہ گیری، توازن اور مرکزیت ہے۔

توازن اور غیر جانبداری:۔

گوپی چند نارنگ نے درست کہا ہے کہ مقصد اور فن کا حسین توازن ندیم کی کامیابی کی ضمانت بن گیا ہے۔ ندیم ترقی پسند تحریک کے سرگرم رکن اور عہدیدار بھی رہے ہیں لیکن ایسا معلوم ہوتا ہے کہ وہ اتنا بڑا ترقی پسند نہیں جتنا بڑا فنکار ہے۔ اگرچہ اس کی ذہنی و فکری تشکیل میں مارکسزم کا ایک نمایاں کردار ہے۔ تاہم وادب میں پروپیگنڈے کی بے اعتدالی کا کبھی شکار نہیں ہوا۔ اس کی جڑیں اپنی مٹی میں بڑی گہری ہیں۔ یوں وہ ایک غیر جانبدار مصنف کے روپ میں ابھرتے ہیں جن کے ہاں نظریے کی آمیزش سے تیار کیے گئے افسانے جا بجا نظر آتے ہیں اور دوسری طرف رومان کی حسین فضا اور وطن کی مٹی سے محبت کا حوالہ بھی اُن کے افسانوں کا بنیادی خاصہ ہے۔

مجموعی جائزہ:۔

ندیم کے افسانوں میں زمین اور انسان سے ان کی بے پایاں محبت اور بھی کھل کر سامنے آتی ہے۔ ان کا تخیل پنجاب کی فضاؤں میں چپے چپے سے روشناس ہے اور اس نے لہلہاتے کھیتوں، گنگناتے دریاؤں اور دھوپ میں جھلتے ہوئے ریت کے ذروں کو ایک نئی زبان دی ہے، نئی معنویت عطا کی ہے۔ پنجاب کی رومانی فضاء اور وہاں کے لوگوں کی معصومیت و زندہ دلی، جرات و جفاکشی اور خدمت و ایثار کی تصویریں ان کے افسانوں میں آخر لازوال ہو گئی ہیں۔ ان کے ہاں غم و غصے، تعصب و نفرت اور تنگ نظر و تشدد کا شائبہ تک نہیں۔ ہر کہیں مہر و محبت، خلوص و وفا اور صدق و صفا کا سونا چمکتا محسوس ہوتا ہے اور یہی ان کی بڑائی کی دلیل ہے۔

***

سرِ شاخِ گل

(نذرِ احمد ندیم قاسمی)

پروین شاکر

وہ سایہ دار شجر
جو مجھ سے دور، بہت دور ہے، مگر اس کی
لطیف چھاؤں
سجل، نرم چاندنی کی طرح
مرے وجود، مری شخصیت پہ چھائی ہے !
وہ ماں کی بانہوں کی مانند مہرباں شاخیں
جو ہر عذاب میں مجھ کو سمیٹ لیتی ہیں
وہ ایک مشفقِ دیرینہ کی دعا کی طرح
شریر جھونکوں سے پتوں کی نرم سرگوشی
کلام کرنے کا لہجہ مجھے سکھاتی ہے
وہ دوستوں کی حسیں مسکراہٹوں کی طرح
شفق عذار، دھنک پیرہن شگوفے، جو

مجھے زمیں سے محبت کا درس دیتے ہیں !
اداسیوں کی کسی جانگداز ساعت میں
میں اس کی شاخ پہ سر رکھ کے جب بھی روئی ہوں
تو میری پلکوں نے محسوس کر لیا فوراً
بہت ہی نرم سی اک پنکھڑی کا شیریں لمس !
(نمی تھی آنکھ میں لیکن میں مسکرائی ہوں !)
کڑی ہے دھوپ
تو پھر برگ برگ ہے شبنم
تپاں ہوں لہجے
تو پھر پھول پھول ہے ریشم
ہرے ہوں زخم
تو سب کونپلوں کا رس مرہم !
وہ ایک خوشبو
جو میرے وجود کے اندر
صداقتوں کی طرح زینہ زینہ اتری ہے
کرن کرن مری سوچوں میں جگمگاتی ہے
(مجھے قبول، کہ وجداں نہیں یہ چاند مرا
یہ روشنی مجھے ادراک دے رہی ہے مگر !)
وہ ایک جھونکا
جو اس شہر گل سے آیا تھا
اب اس کے ساتھ بہت دور جا چکی ہوں میں

میں ایک ننھی سی بچی ہوں اور خموشی سے
بس اس کی انگلیاں تھامے، اور آنکھیں بند کیے
جہاں جہاں لیے جاتا ہے، جا رہی ہوں میں !
وہ سایہ دار شجر
جو دن میں میرے لیے ماں کا نرم آنچل ہے
وہ رات میں، مرے آنگن پہ ٹھہرنے والا
شفیق، نرم زباں، مہربان بادل ہے
مرے دریچوں میں جب چاندنی نہیں آتی
جو بے چراغ کوئی شب اُترنے لگتی ہے
تو میری آنکھیں کرن کے شجر کو سوچتی ہیں
دبیز پردے، نگاہوں سے ہٹنے لگتے ہیں
ہزار چاند، سر شاخ گل اُبھرتے ہیں !

☆☆☆

بابا۔۔۔۔۔

گلزار

حواس کا جہان ساتھ لے گیا

وہ سارے بادبان ساتھ لے گیا

بتائیں کیا وہ آفتاب تھا کوئی

گیا تو آسمان ساتھ لے گیا

کتاب بند کی اور اٹھ کے چل دیا

تمام داستان ساتھ لے گیا

میں سجدے سے اٹھا تو کوئی بھی نہ تھا

وہ پاؤں کے نشان ساتھ لے گیا

"BOSKYANA"
Pali Hill, Bandra (W)
Mumbai-400 050.

۔۔۔۔۔۔۔۔۔۔

گلزار صاحب احمد ندیم قاسمی کو بابا کہتے تھے۔

بتشکر اردو دنیا ستمبر ۲۰۰۶ء

***

احمد ندیم قاسمی

(سایہ دار اور فلک بوس شجر)

ایم. قمرالدین

آپ کے فن کی بلندی کیا خوب
فرش سے عرش پہ ہے جس کا گزر
پھر دلوں میں جو اُتر جاتی ہے
نور کر دیتی ہے ہر ایک نظر
آپ کے ہیں جو زباں اور قلم
ہیں ادب کے وہی شام اور سحر
'بڑی نعمت' (1) ہے جو ہر اک تخلیق
'فن کا اجر' (2) آپ کا اپنا ہی ہنر
ہے وجود آپ کا سب کے لیے ایک
سایہ دار اور فلک بوس شجر
ہے مرے لب پہ یہی ایک دعا
ہو مبارک نئے عشرے کا سفر

بخشیں آپ اور بھی حرفوں کے گلاب
دیں ہمیں اور بھی لفظوں کے گہر

قطعہ

احمد ندیم قاسمی ہے ایک شخص کب؟
وہ چاند ہے، گلاب ہے نغمہ ہے شہد ہے
یعنی وہ ایک عہد ہے اپنے مقام پر
جو ایک عہد، اصل میں ہر ایک عہد ہے

----

(۱)
فن بڑی چیز ہے تخلیق بڑی نعمت ہے
حسن کاری کوئی الزام نہیں ہے اے دوست

(۲)
ندیم کوئی مرے فن کا اجر کیا دے گا
میں خاک چاٹ کے بھی نشۂ ہنر میں رہوں

احمد ندیم قاسمی

ایم. قمرالدین
120, Lawyers Chambers
Supreme Court
New Delhi-110001.

جناب قمرالدین یہ تخلیقات قاسمی صاحب کی سالگرہ 20 نومبر کو انھیں پیش کرنے کے آرزومند تھے لیکن قاسمی صاحب انتقال کر گئے۔

بشکریہ: اردو دنیا، ستمبر ۲۰۰۶ء

احمد ندیم قاسمی

شوکت جمال، ریاض

علم و ہنر کی اس کے زمانے میں دھوم تھی
دانشوروں میں عہد کے اپنے عظیم تھا
آتا نہیں یقین ابھی تک ہمیں کہ جو
"رخصت ہوا ہے ہم سے وہ احمد ندیم تھا"

2006

تشکر: اردو دنیا ستمبر 2006ء

کچھ لوک فن کے بارے میں

احمد ندیم قاسمی

یہ مضمون جولائی 1966 میں لکھا گیا اور احمد ندیم قاسمی کے مجموعۂ مضامین "تہذیب و فن" مطبوعہ مکتبہ فنون، 4 میکلوڈ روڈ، لاہور میں شامل ہے جو پہلی بار مارچ 1975 میں شائع ہوا۔

کرۂ ارض پر کسی ایسی قوم، قبیلے یا گروہ کا تصور بھی نہیں کیا جا سکتا جو لوک کہانیوں، لوک گیتوں، لوک ناچوں، لوک لطیفوں اور لوک پہیلیوں سے محروم ہو۔ تہذیب کے جدید معنوں کے مطابق بھی کوئی قوم بے حد ترقی یافتہ ہو یا بہت پس ماندہ، اس کی معیشت صنعتی ہو یا قبائلی، لوک فن بہر حال اس کے کلچر کا ایک ناگزیر حصہ ہوتے ہیں۔ بس اتنا فرق ہے کہ بے حد صنعتی قوموں میں لوک فن آہستہ آہستہ ختم ہوتے جا رہے ہیں۔ اخباروں، رسالوں، کتابوں، ریڈیو، ٹیلی ویژن اور ہوائی سفر نے گروہی انفرادیتوں کو ختم کر کے انسانی ذہن کے لیے ایک ہی سانچا گھڑ لینے کا رجحان پیدا کر دیا ہے اور یوں وہ لوک فن مر رہا ہے جو انسانی ذہن کی تنوع پسندی کی پیداوار ہے۔ یوں تو پوری دنیا کے مقدر میں آخر کار صنعتی ہو نا لکھا ہے اور اس طرح لوک فن کا مستقبل خاصا تاریک نظر آنے لگا ہے، لیکن وہ قومیں جو بیک وقت زرعی اور صنعتی معیشت میں سے گزر رہی ہیں انتہائی ترقی یافتہ ممالک میں لوک فن کے زوال سے سبق حاصل کر سکتی ہیں اور ایسے حالات پیدا کر سکتی ہیں کہ اگر لوک فن میں نئے نئے اضافے نہیں ہو سکتے تو کم سے کم لوک فن کی ان خصوصیات کو زوال نہ آئے جو ان کے ہاں آج بھی زندہ ہیں۔

لوک فن اس شعر و ادب اور رقص و موسیقی کا نام ہے جسے کتابی فن کے مقابلے میں زبانی فن، کہنا زیادہ مناسب ہو گا۔ یہ لائبریریوں کی بجائے لوگوں کے سینوں میں محفوظ ہوتا ہے۔ ہر نسل یہ فن دوسری نسل کو منتقل کرتی چلی آتی ہے۔ اس سلسلۂ عمل میں، اس میں اضافے بھی ہوتے رہتے ہیں اور تبدیلیاں بھی۔ یہ اضافے اور تبدیلیاں یوں رونما ہوتی ہیں کہ نئے حالات، نئے واقعات نئی مسرتوں اور نئی محرومیوں کے زیر اثر لوگ اظہارِ جذبات کی نئی راہیں تلاش کر لیتے ہیں۔ یا پھر کسی گیت یا کہانی کا کوئی حصہ نئے ذہنوں کو بے رس محسوس ہوتا ہے تو کوئی اس حصے کو نظر انداز کر کے اپنی طرف سے کچھ اضافہ کر دیتا ہے اور یوں ٹوٹی ہوئی کڑیوں کو ملا دیتا ہے۔ مثال کے طور پر کسی پرانی لوک کہانی کو لیجیے جسے کسی کتاب میں محفوظ کر لیا گیا ہو۔ پھر اس کہانی کا مقابلہ اسی کہانی کی مروجہ صورت سے کیجیے تو معلوم ہو گا کہ اب اس کہانی میں بس اور ریل بھی گھس آئی ہے اور اب شہزادے، دیوؤں کے چنگل میں پھنس کر اندھیرے غاروں میں پڑے نہیں رہ جاتے بلکہ اب وہ سڑکوں پر روڑی کوٹتے ہیں اور ریلوے اسٹیشنوں پر قلیوں کا کام کرتے ہیں اور شہزادیاں ان کے انتظار میں ٹرانزسٹر ریڈیو سنتی ہیں۔ چند مہینے پہلے میں نے اپنے گاؤں کی چوپال پر ایک پیشہ ور داستان گو سے ایک لوک کہانی سنی جس میں شہزادہ سات سمندروں کے سفر کی شرط پوری کرنے کے لیے لاہور پہنچ کر ہوائی جہاز میں بیٹھ جاتا ہے اور اسے خود ہی سمندروں کی طرف اڑا لے جاتا ہے۔ لوک فن میں یہ اضافے اور تبدیلیاں ناگزیر ہیں مگر جہاں تک اس کی روح کا تعلق ہے وہ ان اضافوں کے باوجود قائم رہتی ہے اس لیے کہ نامعلوم کو معلوم کرنے کا جذبہ، ظلم کو مغلوب کرنے کا جذبہ، آلامِ روزگار سے قطع نظر کر کے زندگی اور اس کے مظاہر سے مسرتیں اخذ کرنے کا جذبہ، کارخانۂ قدرت کے نظم اور بعض اوقات غیظ و غضب پر حیران رہ جانے کا جذبہ اور پھر اپنے عقائد کو محفوظ رکھنے کے لیے قدرت کی زیادتیوں کے جواز پیدا کرنے کا جذبہ انسان سے چھینا نہیں جا سکتا اور لوک فن کی بنیاد انھی جذبوں اور ان جیسے دوسرے جذبوں پر ہوتی ہے۔

کسی قوم کا لوک فن اس قوم کی تہذیب اور ثقافت بلکہ اس کی تاریخ کا بھی ایک اہم حصہ ہوتا ہے۔ ہمارے ہاں کسی شخص نے ملک کے طول و عرض میں بکھرے ہوئے ان خزانوں کی طرف سنجیدگی سے کبھی توجہ نہیں دی ورنہ آج بھی ہمارے دور دراز کے علاقوں میں ایسے گیت گائے جاتے اور ایسے قصے سنائے جاتے ہیں جن میں تغلقوں، لودھیوں اور سوریوں تک کے زمانۂ حکومت کی جھلکیاں موجود ہیں۔ مغل دورِ حکومت تو ہمارے لوک فن کے بیشتر حصّے کا پس منظر ہے۔ سکھوں اور انگریزوں کا زمانۂ اقتدار بھی لوک فن کے مختلف پہلوؤں پر اثر انداز ہوا ہے۔ صرف تحریک خلافت کو لے لیجیے، آج سے تقریباً نصف صدی پہلے کی یہ تحریک صحیح معنوں میں ایک لوک تحریک تھی اور آج بھی وہ لوگ زندہ ہیں جو اس تحریک کے زمانے میں نوجوان تھے اور جنھوں نے مولانا محمد علی جوہر کی رہنمائی میں برطانوی اقتدار سے بڑی حوصلہ مندانہ ٹکر لی تھی۔ اس تحریک نے ہمارے لوک گیتوں میں اتنا بہت سا اضافہ کیا کہ اگر صرف انھی کو

یکجا کر لیا جائے تو ہمارے عوام کے جذبۂ آزادی کا ایک یادگار صحیفہ مرتب ہو سکتا ہے، مگر سوال یہ ہے کہ یہ کام کرے کون؟ اتنی فرصت کسے ہے؟ اتنا جنون کسے ہے؟ تہذیب و ثقافت کے ساتھ اتنی لگن کسے ہے؟ امریکہ اور دوسرے ترقی یافتہ ملکوں کے دانشور شور مچا رہے ہیں کہ صنعتی ترقی ہمارے لوک فن کو چاٹے جا رہی ہے اور اس فن کا تحفظ کرو اور کتابوں اور ٹیپ ریکارڈوں اور فلموں میں محفوظ کر لو ورنہ ہم نصف صدی بعد بھول جائیں گے کہ ایک صدی پہلے ہمارے عام لوگ کیسے سوچتے تھے اور کیسے خوش ہوتے تھے اور کیسے اداس ہو جاتے تھے۔ ہمارا طرزِ عمل اس کے برعکس ہے۔ ہمارے ہاں لوک فن اپنے محدود حلقے میں آج بھی پر بہار ہے، مگر اب اس کے پھیلاؤ کے سامنے بند باندھے جا رہے ہیں۔ امریکہ میں لوک فن کا زوال وہاں کی تاریخ کا تقاضہ ہے۔ ہمارے ہاں اس زوال میں ہمارے بعض اوہام کی کارفرمائی ہے۔ امریکہ میں لوک فن مر رہا ہے اور ہمارے ہاں خودکشی کر رہا ہے۔

اس حقیقت سے انکار دشوار ہے کہ ہمارا کلچر بہت متنوع ہے۔ اگر اسی طرزِ زندگی کو کلچر قرار دے دیا جائے (جیسا کہ قرار دیا جاتا ہے) جو ہمارے اوپر کے یعنی روپے پیسے والے طبقے میں رائج ہے تو پھر ہمارا کلچر یقیناً ایک رنگ (اور بے رنگ) ہے، لیکن حقیقت اس کے بالکل برعکس ہے اور کلچر پر کسی ایک طبقے کا اجارہ ہو ہی نہیں سکتا، سو ہمارے قومی کلچر کے مختلف اور رنگارنگ پہلو ہمارے علاقائی کلچروں میں دیکھے جا سکتے ہیں۔ ان کلچروں میں لوک گیت، لوک کہانیاں، لوک ناچ، لوک لطیفے اور لوک قصے بھی مختلف ہیں اور پھر ہر واقع، ہر رواج اور ہر رسم کے اپنے لوک گیت ہیں۔ صرف شادی بیاہ کے گیتوں کو لیجیے تو صرف پنجابی زبان بولنے والوں میں ہزار سے اوپر گیت رائج ہوں گے۔ یہی عالم پشتو، سندھی، بلوچی، بروہی اور بنگلہ زبانوں کا ہوگا۔ حد یہ ہے کہ ہمارے دیہات میں موت تک کے لوک گیت رائج ہیں اور جب جنازہ مرنے والے کے گھر سے نکلتا ہے تو گاؤں کی میراسنیں پچاس ساٹھ گز کے فاصلے تک جنازے کے پیچھے پیچھے یہ لوک مرثیے دردناک دھنوں میں گاتی ہوئی چلتی ہیں۔ یہ لوک گیت آہستہ آہستہ مٹتے جا رہے ہیں آج دیہات میں بھی ریڈیو اور ریکارڈوں کی برکت سے لڑکیاں اپنے لوک گیت گانے کی بجائے شادی کے فلمی گیت گاتی ہیں اور دیہات کے پس منظر میں یہ گیت ایسے لگتے ہیں جیسے ہوائی جہاز کو بیل کھینچے لیے جا رہے ہوں! اول تو لوک فن جمع کرنے کا کسی کو شوق ہی نہیں ہے۔ لیکن جن اکا دکا افراد نے کوشش کی بھی ہے انھوں نے لوک فن جمع کرنے کی بجائے سہل انگاری کے شاہکار تخلیق کیے ہیں۔ مسٹر دیوندر ستیارتھی کے جمع کیے ہوئے بعض گیت میں نے دیکھے ہیں جن کا مروجہ گیتوں سے بہت کم تعلق ہوتا ہے۔ وجہ یہ ہے کہ وہ یہ لوک گیت شہروں میں بیٹھ کر جمع کرتے تھے اور ایک ثقہ روایت کے مطابق نامکمل گیت کو خود ہی مکمل کر لیتے تھے۔ ویسے اتنا بڑا کام ایک آدمی کے کرنے کا ہے بھی نہیں اس کے لیے تو باقاعدہ ایک ادارہ ہونا چاہیے۔ مغربی ملکوں میں تو وہاں کی یونیورسٹیوں میں "فوک لور" کا باقاعدہ ایک الگ ڈیپارٹمنٹ ہوتا ہے۔ سوشلسٹ ملکوں نے بھی اپنے ہاں کے لوک فن کی حفاظت کی ہے۔ مشکل صرف ہم

ایشیائیوں اور افریقیوں کے ساتھ ہے جو محکومی کے دور میں لوک فن کی اہمیت سے غافل رہے اور اب پس ماندگی کا کلنک دھونے کے لیے اپنی تہذیب و ثقافت ہی سے شرمانے لگے ہیں۔

میں نے کسی '' اچھے '' زمانے میں اپنے علاقے (سون سکیسر ضلع سرگودھا) کے لوک گیت جمع کرنے کی کوشش کی تھی مگر جب مہینے ڈیڑھ مہینے کے اندر میرے پاس ان گیتوں کا ایک انبار لگ گیا اور میں نے ایک بوڑھے کسان سے اس کا ذکر کیا جو آج بھی لوک گیتوں اور ناچوں کا ماہر سمجھا جاتا ہے تو وہ ہنسنے لگا اور اس کی ہنسی میں تضحیک تھی۔ اس نے کہا:

'' بادشاہ ہو۔ ابھی کہاں۔ ابھی تو آپ نے رکاب میں ایک پاؤں رکھا ہے۔ ابھی تو آپ کو گھوڑے پر سوار ہوتا اور ہزاروں لاکھوں کوسوں کا سفر کرنا ہے۔ آپ کے جمع کیے ہوئے گیت تو اس پہاڑ کے مقابلے میں ایک چھٹانک بھی نہیں ہوں گے جو صرف مجھے اس عمر میں بھی یاد ہیں۔ اور ابھی تو آپ نے کسی عورت سے گیتوں کا نہیں پوچھا۔ ان سے پوچھنے اور لکھنا شروع کیجیے اور یقین کیجیے کہ آپ ساری عمر لکھتے ہی رہیں گے کیونکہ عورتیں تو ان گیتوں کے سمندر ہیں۔ ''

محض اس مثال سے اندازہ لگایا جا سکتا ہے کہ اس سمندر کو سمیٹنے کے لیے کتنے بڑے ادارے کی ضرورت ہے جو ان گیتوں اور کہانیوں اور ناچوں کی کیفیتوں اور تفصیلوں اور بھانڈوں کے موزوں کیے ہوئے شجروں اور نسلاً بعد نسلٍ چلنے والے لطیفوں اور پہیلیوں اور کہہ مکرنیوں وغیرہ کو جمع کریں، انھیں مرتب کریں، پھر ان کے پس منظر واضح کریں اور ایسا کرتے ہوئے لوک فن کے کڈھب اور ان گھڑ انداز کو بہر صورت قائم رکھیں۔ ان میں سے جو مٹی کی سوندھی سوندھی خوشبو آتی ہے، اسے نفاست کی ''ٹائلوں'' کے فرش تلے دفن نہ کر دیں۔ ناچوں اور نقلوں کی متحرک تصویریں اتار لیں اور یہ سب کام کرتے ہوئے وہ کسی قسم کے احساس برتری میں مبتلا نہ ہوں کہ وہ ان پڑھوں اور ان گھڑوں پر کوئی احسان کرنے چلے ہیں۔ ان کے اندر یہ احساس بیدار رہنا چاہیے کہ ان کی تہذیبی انفرادیت اسی لوک فن سے عبارت ہے جس میں ہمارے اہلِ وطن نے اپنا صدیوں کا تجربہ سمو رکھا ہے اور جس کی سب سے نمایاں خصوصیت بے ساختگی ہے، وہ بے ساختگی، جسے انسان اپنی مادی ترقی کی قربان گاہ پر بھینٹ کیے جا رہا ہے۔ وہ بے حد ساختگی جو اس ''بولی'' میں اپنے مکمل بھرپور پن سے موجود ہے اور اگر کوئی مصور اس کی تصویر بنا لے تو انسانی ذہن آئندہ قرنوں تک جگمگاتا، گنگناتا اور مہکتا رہے۔ وہ ''بولی'' یہ ہے:

گوری لاہ کے پزیباں رکھیاں

دھرتی نوں پھُل لگ گئے

***

تشکر: اردو دنیا، ستمبر ۲۰۰۶ء

منتخب تخلیقات کا ایک مجموعہ

احمد ندیم قاسمی

مرتبہ : اعجاز عبید

بین الاقوامی ایڈیشن جلد منظر عام پر آرہا ہے